Zhongguo Wenhua
Zhishi Duben

中国文化知识读本

古代启蒙课本

吉林出版集团有限责任公司
吉林文史出版社

主编
金开诚

编著
李 霞

图书在版编目（CIP）数据

古代启蒙课本 / 李霞编著. —— 长春：吉林出版集团有限责任公司：吉林文史出版社，2009.12（2023.4重印）

（中国文化知识读本）

ISBN 978—7—5463—2007—6

Ⅰ. ①古… Ⅱ. ①李… Ⅲ. ①汉语－古代－启蒙读物

Ⅳ. ①H194.1

中国版本图书馆CIP数据核字(2009)第237212号

古代启蒙课本

GUDAI QIMENG KEBEN

主编/ 金开诚 编著/李霞

项目负责/崔博华 责任编辑/曹恒 于涉

责任校对/王凤翎 装帧设计/曹恒

出版发行/吉林出版集团有限责任公司 吉林文史出版社

地址/长春市福祉大路5788号 邮编/130000

印刷/天津市天玺印务有限公司

版次/2009年12月第1版 印次/2023年4月第4次印刷

开本/660mm×915mm 1/16

印张/8 字数/30千

书号/ISBN 978—7—5463—2007—6

定价/34.80元

前　言

　　文化是一种社会现象，是人类物质文明和精神文明有机融合的产物；同时又是一种历史现象，是社会的历史沉积。当今世界，随着经济全球化进程的加快，人们也越来越重视本民族的文化。我们只有加强对本民族文化的继承和创新，才能更好地弘扬民族精神，增强民族凝聚力。历史经验告诉我们，任何一个民族要想屹立于世界民族之林，必须具有自尊、自信、自强的民族意识。文化是维系一个民族生存和发展的强大动力。一个民族的存在依赖文化，文化的解体就是一个民族的消亡。

　　随着我国综合国力的日益强大，广大民众对重塑民族自尊心和自豪感的愿望日益迫切。作为民族大家庭中的一员，将源远流长、博大精深的中国文化继承并传播给广大群众，特别是青年一代，是我们出版人义不容辞的责任。

　　本套丛书是由吉林文史出版社和吉林出版集团有限责任公司组织国内知名专家学者编写的一套旨在传播中华五千年优秀传统文化，提高全民文化修养的大型知识读本。该书在深入挖掘和整理中华优秀传统文化成果的同时，结合社会发展，注入了时代精神。书中优美生动的文字、简明通俗的语言、图文并茂的形式，把中国文化中的物态文化、制度文化、行为文化、精神文化等知识要点全面展示给读者。点点滴滴的文化知识仿佛颗颗繁星，组成了灿烂辉煌的中国文化的天穹。

　　希望本书能为弘扬中华五千年优秀传统文化、增强各民族团结、构建社会主义和谐社会尽一份绵薄之力，也坚信我们的中华民族一定能够早日实现伟大复兴！

目录

之總布上下而氣血多少必見於外形也

如小腸垂於大腸之上如天容在曲頰之後顴

下故血氣盛則其態盛面肉且豐而不瘦

客於絡而其色溢也故血氣盛則于大腸之下如腑肝受

客於絡而其色溢也故血氣溢則皆肉充滿

其具於下故血氣盛則皮膚潤

二大者相之有刻乎歧伯曰夫關狀

其肥而瘁者血氣不足

其無浮者氣血俱不足也

一、《三字经》

首都博物馆展品《三字经》

　　《三字经》是一部人们熟悉的传统幼学启蒙教材，在我国流传已有一千多年。它曾经被译为满、蒙、英、法、拉丁等多种文字。早在南宋末年的时候，《三字经》就已经传到了日本，清朝初期时传到了俄国和欧洲，后来又传到了北美地区。海外人士对这本书在伦理道德教育方面的意义也都非常重视，1898 年 7 月，新加坡汾阳公会组织青年人读《三字经》；1990 年 10 月，新加坡教育出版社出版了第一部英译本的《三字经》，并且在法兰克福书展上展出。而就在同一年，《三字经》被联合国教科文组织选入了《儿童道德丛书》之中。这样一本小小的《三字经》居然有这么大的魅力，为什么呢？

《三字经》相传是宋末大学问家王应麟所著。王应麟（1223—1296年），字伯厚，号深宁居士，进士出身，是南宋著名的学者、教育家、政治家。他的祖籍在河南开封，后来迁居到庆元府鄞县（今浙江鄞县），曾历事南宋理宗、度宗、恭帝三朝，官至吏部尚书。王应麟博学多才，对经史子集、天文地理都有研究，是南宋末年的政治人物和经史学者。南宋灭亡以后，他隐居乡里，闭门谢客，专注于著书立说。王应麟隐居了二十多年，在他的所有著作中，都是只写甲子不写年号，

王应麟塑像

以此来表示他不向元朝称臣。他一生著作很多，有《困学纪闻》《玉海》《诗考》《诗地理考》《汉艺文志考证》《玉堂类稿》《深宁集》六百多卷。但被后世广泛流传的却是这部《三字经》——王应麟晚年为教育本族子弟读书而编写的一本融会中国文化精粹的"三字歌诀"。他的著作有很多而且学术价值也非常高，可是它们直到清朝时才引起大家的重视，其中《玉海》是一部百科全书式的著作，是他为了准备博学宏词考试时整理的；《汉制考》是一部历史著作；而《困学纪闻》是笔记类的著作，集合了他大量经史研究的心得成果。他的《三字经》经明、清学者陆续补充，到清朝初期

王应麟撰《汉制考》

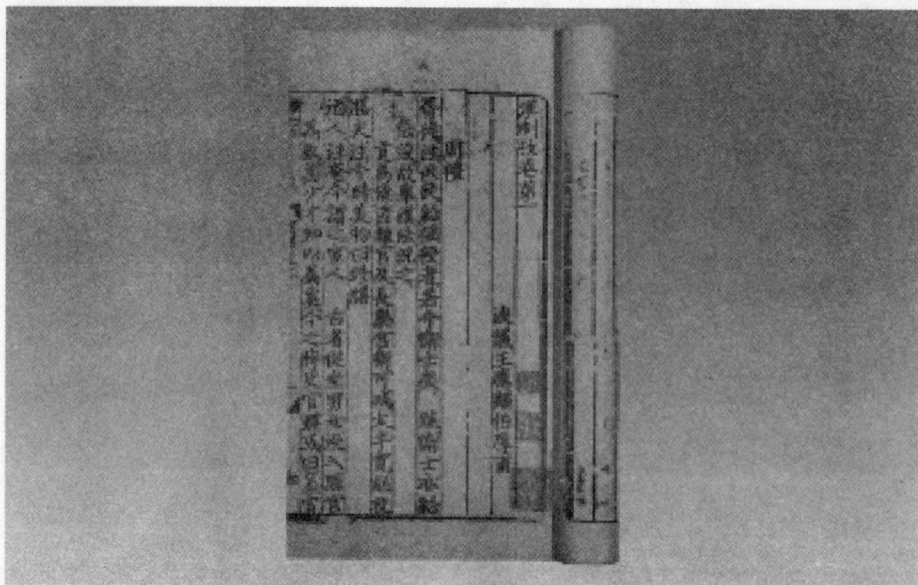

时已经有一千一百四十字了。

《三字经》是一部高度浓缩的中国文化史，它把经、史、子、集等各类知识糅合在一起，全文引用的典故极多，充满了积极向上的乐观精神。可以说它既是最基本的蒙学识字教材，又是一部含有中国传统的教育、历史、天文、地理、伦理和道德以及民间传说为一体的初等百科全书。全书共三百八十句，结构严谨、文字简练、概括性强，三字成句或三字倍数成句，读起来朗朗上口，通俗易懂，便于记忆。许多人少时读过，竟然终生不忘。全书从论述教育的重要性开始，开篇是"人之初，性本善。性相近，习相远"，然后依次

《困学纪闻》

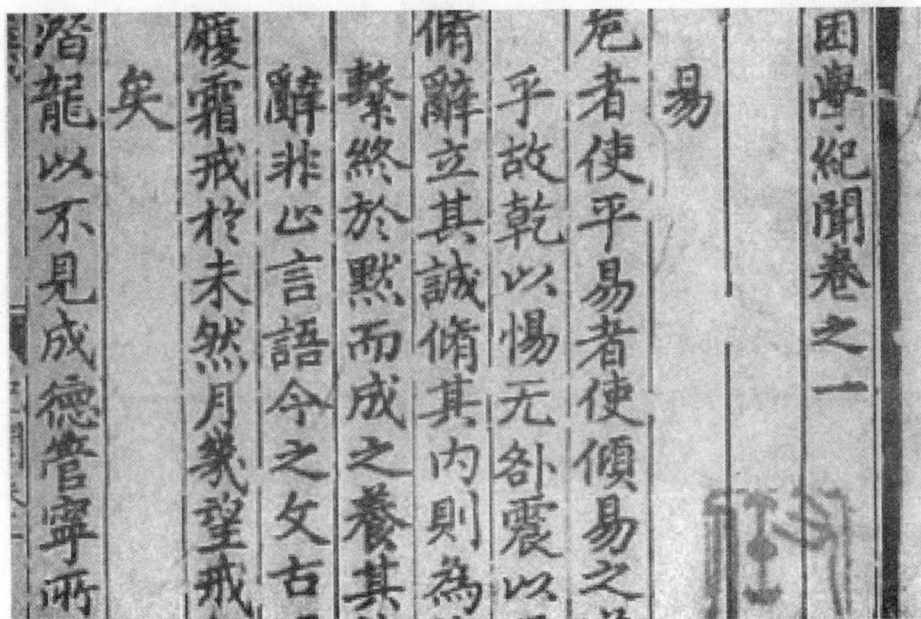

右圖朱子發云子寅辰午申戌陽也乾之六位未巳卯

丑亥酉此亦渠當云未酉亥丑卯所謂右行隨時六也陰也坤之六位位之

升降不違其時故曰大明終始六位時成棟橐廉成注

月令云正月宿直尾箕八月宿直昴畢六月宿直觜又

六月宿直九月宿直奎十月宿直營室又云卯宿直房心

二月申宿直參伐月又注季冬云此月之中日歷虛危參

同契曰青龍處房六今春花震東卯白虎在昴七今秋

芒兌西酉朱雀在張二今離南午又云舍元虛危播精

交辰所值二十八宿圖

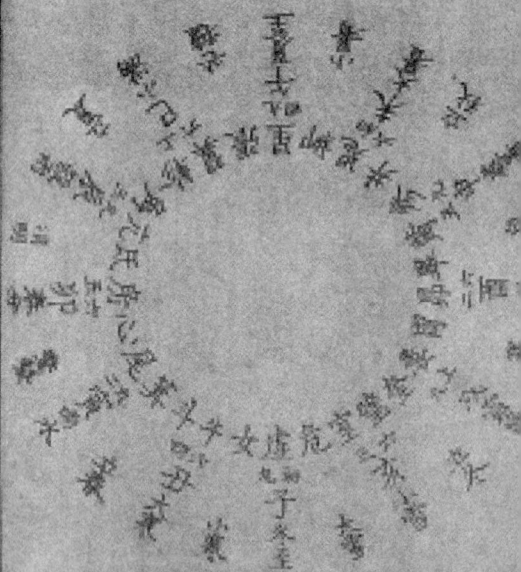

王应麟《郑氏周易》

叙述三纲五常十义，五谷六畜七情，四书六经子书，历史朝代史事，最后以历史上奋发勤学、显亲扬名的事例作结，把识字、历史知识和封建伦理训诫冶为一炉。"养不教，父之过；教不严，师之惰""玉不琢，不成器；人不孝，不知义"等成为家喻户晓，妇孺皆知的名句。

孟轲塑像

本书可以分为五个部分，第一部分讲的是教与学的关系，不仅说明了教育的必要性，还说明了教育是需要由社会、学校、家庭一起承担的。在这一部分中，还讲述了著名的"孟母三迁""断机教子""黄香温席""孔融让梨"的故事。

昔孟母，择邻处。子不学，断机杼。

孟轲，字子舆，世称孟子，战国中期邹人。他是继大教育家孔子之后最有影响力的儒家大师，被后世尊称为"亚圣"。由于他继承并发展了孔子创立的儒家学说，他的思想被纳入了孔子学说思想体系，被人们合称为"孔孟之道"。孔孟的儒家学说深刻地影响着中国封建时代的政治、经济和文化。历代的封建统治者，都根据自己的利益和需要来利用和改造儒家思想，使它为维护封建统治服务。孟子是鲁国贵族孙氏的后代，尽管出身贵族，但他并未享受到衣来伸手、饭来张口的生活。相反他的家境很贫寒。孟子的父亲死得很早，他是由母亲一手带大的。在他小的时候，孟子一家居住在城北的乡下，他家附近有一块墓地。墓地里，送葬的人忙忙碌碌，每天都有人在这里挖坑掘土。死者的亲人披麻戴孝，哭哭啼啼，吹鼓手吹吹打打，颇为热闹。年幼的孟子，模仿性很强，对这些事情感到很新奇，看到这些情景，也学着他们的样子，一会儿假装孝子贤孙，哭哭啼啼，一会儿装着吹鼓手的样子。即使和邻居的孩子嬉戏时，也模仿出殡、送葬时的情景，

孟轲画像

孟轲故里

拿着小铁锹挖土刨坑。一心想使孟子成为好读书、有学问的人的孟母，看到儿子的这些表现，心里很难受。她感到这个环境实在不利于孩子的成长，认为"此非所以居吾子也"，于是就决定搬家。不久，孟母把家搬到了城里。战国初期的时候，商业已经相当发达，在一些较大的城市里，既有坐商的店铺，也有远来做生意的行商。孟子居住的那条街十分热闹，有卖杂货的，做陶器的，还有榨油的油坊。孟子住家的西邻是打铁的，东邻是杀猪的。闹市上人来人往，络绎不绝。行商坐贾，高声叫卖，好不热闹。孟子天天在集市上闲

孟子故居牌坊

逛，对商人的叫卖声最感兴趣，每天都学着他们的样子喊叫喧闹，模仿商人做买卖。孟母觉得家居闹市对孩子更没有好影响，于是又搬了一次家，这次搬到了城东的学宫对面。学宫是国家兴办的教育机构，聚集着许多既有学问又懂礼仪的读书人。学宫里书声琅琅，可把孟子吸引住了。他时常跑到学宫门前张望，有时还看到老师带领学生演习周礼。（周礼，即周朝的一套祭祀、朝拜、来往的礼节仪式）在这种气氛的熏陶下，孟子也和邻居的孩子们做着演习周礼的游戏。不久，孟子就进这所学宫学习礼乐、射御、术数。孟母非常高兴，就在那里定居下来了。这就是历史上著名的"孟母三迁"的故事。

而对于孟子的教育，孟母更是重视。除了送他上学外，还督促他学习。孟子少年读书时，开始也很不用功。有一次，孟子放学回家，孟母正坐在机前织布，她问儿子："《论语》的《学而》篇会背诵了吗？"孟子回答说："会背诵了。"孟母高兴地说："你背给我听听。"可是孟子总是翻来复去地背诵这么一句话："子曰：'学而时习之，不亦说乎？'"孟母听了又生气又伤心，举起一把刀，"嘶"地一声，一下就把刚刚织好的布割断了，麻线纷纷落在地上。孟子看到母亲把辛辛苦苦织

孟子故居

好的布割断了，心里既害怕又不明白其中的原因，忙问母亲出了什么事。孟母教训儿子说："学习就像织布一样，你不专心读书，就像断了的麻布，布断了再也接不起来了。学习如果不时时努力，不常复习，就永远也学不到本领。"孟子很受触动，从此以后，他牢牢记住母亲的话，起早贪黑，刻苦读书，终于成为一代大儒，被后人称为"亚圣"。孟母施教的种种做法，对于孟子的成长及其思想的发展影响极大。良好的环境使孟子很早就受到礼仪风习的熏陶，并养成了诚实不欺的品德和坚韧刻苦的求学精神，为他以后致力于儒家思想的研究和发展打下了坚实而稳固的基

孟子像

黄香塑像

础。

香九龄，能温席。孝于亲，所当执。

汉朝时，有个叫黄香的人，他小的时候，家中生活很艰苦。在他 9 岁的时候，母亲就去世了，黄香非常悲伤。他本来就非常孝敬父母，在母亲生病期间，小黄香一直不离左右，守护在妈妈的病床前。母亲去世后，他对父亲更加关心、照顾，尽量让父亲少操心。

冬夜里，天气特别寒冷。古时候，农户家里没有任何取暖的设备，很难入睡。一天，黄香晚上读书时，感到特别冷，捧着书卷的手一会儿就冰凉冰凉的了。他想，这么冷的

黄香扇枕温衾剪纸
黄香扇枕温衾孝道图

天气，父亲一定很冷，他白天干了一天的活，晚上还不能好好地睡觉。想到这里，小黄香心里很不安。为让父亲少挨冷受冻，他读完书便悄悄走进父亲的房里，给他铺好被，然后脱了衣服，钻进父亲的被窝里，用自己的体温，温暖了冰冷的被窝之后，才招呼父亲睡下。黄香用自己的孝敬之心，暖了父亲的心。黄香温席的故事，就这样传开了，街坊邻居人人夸奖黄香。

夏天到了，黄香家低矮的房子显得格外闷热，而且蚊蝇很多。到了晚上，大家都在院里乘凉，尽管每人都不停地摇着手中的蒲扇，可仍不觉得凉快。入夜了，大家也都困

黄香的故事流传千古

了，准备睡觉去了，这时，大家才发现小黄
香一直没有在这里。父亲到处找他，最后看
到黄香从父亲的房中走出来，满头的汗，手
里还拿着一把大蒲扇。一问才知道，为了让
父亲睡好觉，他早早地进入父亲的房间，把
蚊蝇赶走。从那以后，黄香为了让父亲休息好，
晚饭后，总是拿着扇子把蚊蝇扇跑，还要扇

凉父亲睡觉的床和枕头，使劳累了一天的父亲早些入睡。

这就是著名的"黄香温席"的故事。从黄香的身上，我们看到了"孝敬父母"这一中华传统美德！

融四岁，能让梨。弟于长，宜先知。

孔融小时候聪明好学，才思敏捷，大家都夸他是奇童。4 岁的时候，他就能背诵许多诗词歌赋了，并且懂得很多礼节，父母亲都非常喜爱他。

一日，父亲的朋友带来一些梨子，父亲叫孔融他们七兄弟从最小的孩子开始自己挑，小弟首先挑走了一个最大的，轮到孔融的时

孔融像

候，他拣了一个最小的梨。父母问他这样做的理由，他说道："我年纪小，应该吃小的，剩下的大梨就给哥哥们吧。"父亲听后十分惊喜，又问他道："那弟弟也比你小啊？"孔融说："因为我是哥哥，弟弟比我小，所以我也应该让着他。"父母听到他的回答，满意地笑了。于是，孔融让梨的故事，很快传遍了曲阜，并且一直流传到今天。

《三字经》的第二部分主要介绍的是儿童们必须掌握的社会伦理道德、基本的数目以及名物方面的知识。文章以"首孝悌，次见闻"作为总括来对儿童进行道德和智力两方面的教育。在道德伦理方面，介绍了"三纲"

铁杵磨针典故塑像

天之道利而
人之道爲而
一

（三纲者，君臣义。父子亲，夫妇顺）"五常"
（曰仁义，理智信。此五常，不容紊）"九族"
（高曾祖，父而身。身而子，子而孙。自子孙，
至玄曾。乃九族，人之伦）"十义"（父子恩，
夫妇从。兄则友，弟则恭。长幼序，友与朋。
君则敬，臣则忠。此十义，人所同）等封建
社会所宣扬的等级观念。而在智力培养方面，
这部分首先介绍了数目，由一至十、百、千、
万；还有"三才"（三才者，天地人）"三光"
（三光者，日月星）"四季"（曰春夏，曰秋冬。
此四时，运不穷）"四方"（曰南北，曰西东，
此四方，应乎中）"五行"（曰水火，木金土。
此五行，本乎数）"六谷"（稻粱菽，麦黍稷。

《三字经》古本

《道德经》古本

善者蓋事物莫不自然　聖人循其自然之理行　以爲羡善也懂然之以
物之闇其所以全美盡　音以語助。自古聖人
天下皆知章　皆知美之爲美斯惡巳　斯不善巳故
道常无爲初无美惡繼　惡貴在无爲而成不言

此六谷，人所食）"六畜"（马牛羊，鸡犬豕。此六畜，人所饲）"七情"（曰喜怒，曰哀惧。爱恶欲，七情具）"八音"（匏土革，木石金。与丝竹，乃八音）等涉及各方面的知识。这部分的内容虽然很琐碎，但是作者把它们都分门别类了，并且都用数字进行了穿插，这样很方便儿童进行记忆和背诵。由于文字通俗易懂，念起来朗朗上口，所以很适合儿童启蒙需要。

《三字经》的第三部分介绍了中国古代的文化精髓，同时也说明了中国古人的求学过程。读完下面的这段话大家就会知道古人的学习过程是怎样的了——先是"小学"，读完

古代教育书籍

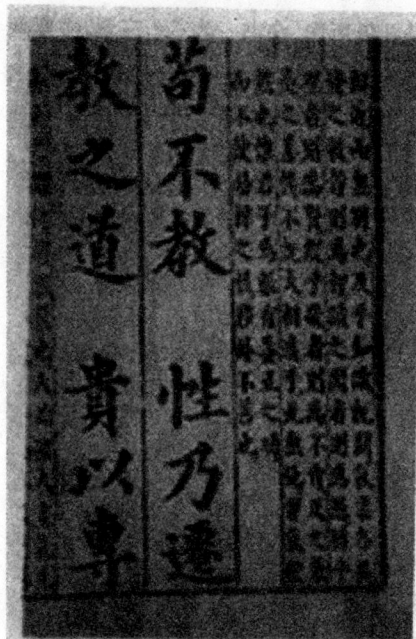

《三字经》

"小学"之后是"四书","四书"读熟了就轮到"六经",当这些儒家经典著作都读熟并铭记于心之后,才开始读诸子百家的书。之后再读经书和子书,等都通了之后就开始读各朝代的史书,从各个国朝的时代系统之中了解历史事件的始末。在书里被称为"四书"的是指《大学》《中庸》《孟子》《论语》。《大学》是《礼记》中的一篇,是儒家学者论述大学教育的一篇论文,它着重阐明"大学之道"——"三纲领""八条目",讲述了从修身、齐家到治国、平天下的道理。《中庸》也是《礼记》中的一篇,传说是孔伋所作。全书一共三十三章,主要阐述了先秦儒家人生哲学和

《中庸》卷文

修养问题，提出了"中庸之道"，这本书对后世的知识分子、一般民众的个人修养、精神生活和为人处世之道，都有极其深远的影响。《孟子》一共七篇，讲的都是儒家的仁义道德。而《论语》则是孔子的弟子记录孔子对其弟子的言行等方面的教导和训诫。所谓"六经"指的就是《诗经》《书经》《易经》《礼记》《乐经》《春秋》。《诗经》是中国最早的诗歌选集，共三百零五篇，分为"风、雅、颂"三个部分，它对个人品德修养和人际交往都有重要作用，所以受到重视，列为必学的科目，不仅要求记诵它，而且要求在社会生活中加以应用。《书经》又叫《尚书》，是古代历史的文献汇编，它保存了一定的古代文献史料，有重要的历史价值。《易经》又称《周易》，它是一部占卜之书，书中说的八卦象征了天、地、雷、风、水、火、山、泽这八类事物。《礼记》又称《士礼》，书中主要是想让大家学会礼的仪式，更重要的是要理解礼的精神实质。《乐经》现在已经失传了。而《春秋》是我国现存的第一部编年史，具有重要的历史价值，为孔子所编，记载了从鲁隐公元年（公元前722年）至鲁哀公十四年（公元前481年）共二百四十二年的历史，记载了当时的政治、经济、军事、

清刻本《诗经》

天文、地理、灾异等方面的资料。它流传至今的有三部,《春秋公羊传》《春秋谷梁传》《春秋左氏传》。诸子中有五部重要的子书:《荀子》《扬子》《文中子》《老子》《庄子》。通过《三字经》对这些书目的简单描述,我们就对中国古代文化有了一个整体的了解,而这一点却是其他蒙学教材所没有的。它提出分阶段读书的目标和要求,让儿童循序渐进地看书、学习。它介绍的古代学者以及他们的著作,对普及文化典籍知识起到了积极的作用。

　　《三字经》的第四部分主要讲述的是历史上王朝的兴起和灭亡以及帝王世系。这部分

《诗经》十四卷

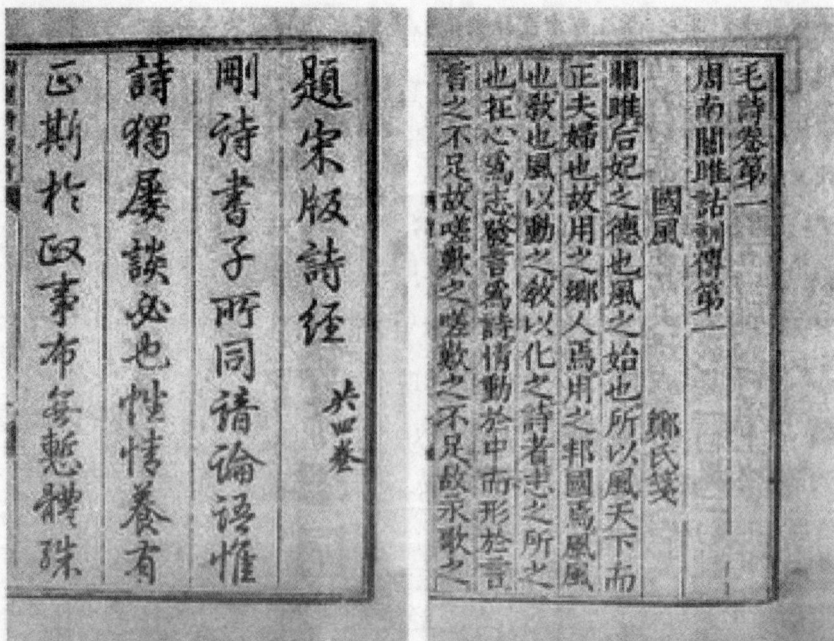

的内容约占了全书总篇幅的四分之一。通过《三字经》的介绍，我们会发现中华文明可以追溯到上古时代的"三皇""二帝""三王"。"三皇"指的是伏羲、神农和黄帝，而"二帝"指的是唐尧和虞舜，他们禅让帝位，称为太平盛世。"三王"指的是夏朝的禹王、商朝的汤王、周朝的文王和武王。到夏桀灭亡时，夏朝存在了四百年。至纣王灭亡时，商朝存在了六百年。周朝在历史上存在了八百年。周平王迁都洛阳后，政权崩溃，诸侯争霸。从春秋到战国，先后称霸的有齐桓公、晋文公、楚庄王、吴王阖闾、越王勾践，后来还有秦、楚、

轩辕黄帝石刻像

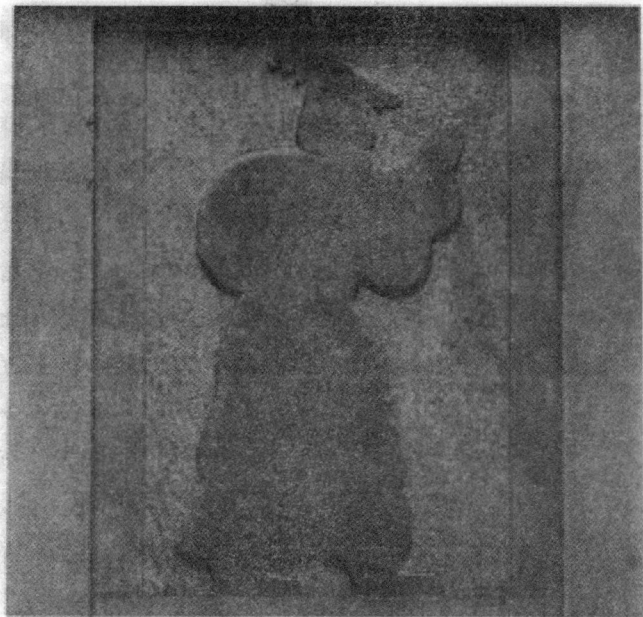

秦始皇像

齐、燕、韩、赵、魏七个诸侯国称雄。再后来，秦始皇统一了其他六国，建立秦朝。传到秦二世的时候，楚霸王项羽和汉高祖刘邦争夺天下，刘邦打败了项羽，建立了汉朝的帝业。就这样，各个朝代彼此交替存在，书中一直介绍到了明朝的灭亡。（因为有后人不断地补写，所以一直介绍到了明朝的灭亡）《二十二史》里全面地记载了从上古以来的历史，记叙了各个太平盛世和乱世的史实，从中我们可以了解到各个王朝兴盛和衰亡的原因。"廿二史，全在兹。载治乱，知兴衰"以史为鉴，我们可以学到很多东西。在蒙学阶段，根据儿童的接受能力，不要求学生去读《史记》《汉书》等历史著作，但这并不表明不需要对处于蒙学阶段的儿童进行历史知识教育，而在这一点上，《三字经》就为其他的蒙学教材作出了榜样。

书的最后一部分主要讲述了一些历史上的著名人物，他们年少时努力学习，最后终有成就的励志故事。这些故事都是家喻户晓并鼓舞儿童奋发向上的好材料，我们再来重温一下吧。

昔仲尼，师项橐。古圣贤，尚勤学。

这说的是著名的大师孔子曾拜一个叫作项橐的孩子作为老师。项橐就是被人们尊称

刘邦塑像

的"圣公"。传说有一天，7岁的项橐与他的伙伴在路当中砌石城玩，恰好孔子师徒路经此处，孔子的学生子路大声喊道："躲开，躲开！"其他孩童纷纷躲在路旁，但是只有项橐一个人站在那里不闪躲。孔子上前一看，原来这些孩子们在路上用石子排了一个小城，孔子问："你们为什么把这些石子放在路的中央？"项橐回答道："我们在砌城呢。"孔子又问："砌城是干什么用的呢？"项橐说："以假的来充当真的城池，我们就是在玩。"孔子又问他："既然是在玩，为什么我的车来到面前而你却不闪躲？"项橐答说："城墙高高，

项橐与孔子师徒浮雕

项橐与孔子画像砖

国子监孔子塑像

孔子像

城门紧闭，你怎么能过的去呢？"孔子无言以对，站在那里想了半天，于是说道："如果我想过去又该怎么做呢？"项橐听了笑道："你说是城躲车马呢，还是车马躲城？"孔子听了很无奈，于是对他的徒弟说："我们还是绕城走吧。"

孔子一行未走多远，正碰上项橐之父锄地。孔子好奇地问："看您忙碌一天，您手中的锄能抬多少次？"项父支吾良久，回答不出来，正说之间，项橐正好回到父亲身边，见孔子问话离奇，难住了自己的父亲，便走近前来，对孔子说："我父亲是农民，没有读

孔子塑像

过书，无法记数，你们大家都是读书人，那么我想问问你们知道不知道你们骑的马的马蹄一天能抬多少下？"孔子师徒你看看我，我看看你，谁也答不上来。

仲尼对项橐说："你年纪这么小，但是懂事却不少，两次难住了我们。我现有一题，看你能不能答出来。"项橐说道："什么题，您尽管说来，不过我也有个条件，你出之题若能难住我，我甘败下风，拜你为师。如若答出，并能难住你们，那你就拜我为师。怎么样？"孔子欣然同意。然后孔子问道："人生在这个世界上，托日月星辰之光，地生五谷，

孔子塑像

孔子讲学场景

才养育了众多生灵，那么我问你天上有多少日月星辰？地上有多少五谷？"项橐回答说："天上星辰三百三十六万三千六百个，地上五谷就是黍、谷、稷、穆、稻。"项橐自知这是孔子特地难为他，随即就问孔子说："人的眉毛在眼睛上，天天可见，这是人人皆知的事情，那么我想问问你我们的眉毛有多少根？"孔子师徒无言可答。于是项橐就说道："你我

有言在先，君子不应该失信于人，如果失信了那就不是君子了。"孔子无奈，便跪于地下，嘴里说道："师父在上，请受弟子一拜。"项橐说道："徒儿请起。"这就是项橐三难仲尼的故事。也就是《三字经》里"昔仲尼，师项橐。古圣贤，尚勤学"的历史典故。圣人孔子曾以7岁的孩子项橐当作老师来请教，连古代的圣贤都能如此勤学好问，那我们是不是更应该加倍努力学习、虚心求教呢？

头悬梁，锥刺股。彼不教，自勤苦。

东汉时候，有个人名叫孙敬，是著名的政治家。他年轻时勤奋好学，经常关起门，独自一人废寝忘食地读书。时间久了，他疲倦得直打瞌睡，他怕影响自己的读书学习，就想出了一个特别的办法。古时候，男子的头发很长，于是他就找来一根绳子，一头牢牢地绑在房梁上。当他读书疲劳打盹时，头一低，绳子就会牵住头发，这样头皮扯痛了，马上就清醒了，再继续读书学习。这就是孙敬悬梁的故事。

苏秦是洛阳人。洛阳是当时周天子的都城，苏秦很想有所作为，曾求见周天子，却没有引见之路，一气之下，变卖了家产到别的国家找出路去了。但是他东奔西跑了好几年，也没做成官。后来钱用光了，衣服也穿破了，只好回家。家里人看到他拖着草鞋，

老子庙

挑副破担子，一副狼狈样，父母狠狠地骂了他一顿；妻子坐在织机上织帛，连看也没看他一眼；他求嫂子给他做饭吃，嫂子不理他扭身走开了。苏秦受了很大刺激，决心争一口气。从此以后，他发愤读书，钻研兵法。有时候读书读到半夜，又累又困，他就用锥子扎自己的大腿，虽然很疼，但精神却来了。就这样，用了一年多的功夫，他的知识比以前丰富多了。公元前334年,他到六国去游说，宣传"合纵"的主张，结果成功了。第二年，六国诸侯订立了合纵的联盟。苏秦挂了六国的相印，成了显赫的人物。

苏秦刺股浮雕

如囊萤，如映雪。家虽贫，学不缀。

《三字经》里这句话说的是晋代车胤的故事。晋代的时侯，车胤从小好学不倦，但因家境贫困，父亲无法为他提供良好的学习环境。为了维持温饱，没有多余的钱买灯油供他晚上读书。夏天的一个晚上，他正在院子里背一篇文章，忽然看见许多萤火虫在低空中飞舞。一闪一闪的光点，在黑暗中显得有些耀眼。他想，如果把许多萤火虫集中在一起，不就成为一盏灯了吗？于是，他去找了一只白绢口袋，随即抓了几十只萤火虫放在里面，再扎住袋口，把它吊起来。虽然不怎么明亮，

读夜萤囊雕塑

车胤靠着萤火虫的微亮发奋读书

但可勉强用来看书了。从此，只要有萤火虫，他就去抓来当作灯用。由于他勤学苦练，后来终于做了职位很高的官。而同朝代的孙康情况也是如此。由于没钱买灯油，晚上不能看书，只能早早睡觉。他觉得让时间这样白白跑掉，非常可惜。一天半夜，他从睡梦中醒来，把头侧向窗户时，发现窗缝里透进一丝光亮。原来，那是大雪映出来的，可以利用它来看书。于是他倦意顿失，立即穿好衣服，取出书籍，来到屋外。宽阔的大地上映出的雪光，比屋里要亮多了。孙康不顾寒冷，立即看起书来，手脚冻僵了，就起身跑一跑，同时搓搓手指。此后，每逢有雪的晚上，他

朱买臣塑像

就不放过这个好机会，孜孜不倦地读书。这种苦学的精神，促使他的学识突飞猛进，最后他也成为了国家的栋梁之才。

如负薪，如挂角。身虽劳，犹苦卓。

汉朝时候的朱买臣，小时候家里很穷，为了维持生活，他每天都得上山砍柴，没有时间读书。但是他好学不倦，常常背着柴一边走，一边看书。

隋朝有一个叫李密的人，小时候给人家放牛。每天出去都要带几本书挂在牛角上，趁牛吃草的时候，他就坐在草地上用心读书。

苏老泉，二十七。始发愤，读书籍。

这句讲的是宋朝人苏洵(1009—1066年，字明允，号老泉)27岁时才发奋读书，后来成为文学大家的例子。苏洵年轻的时候，一点儿也不愿意念书，成天东游西逛，无所事事，一直到了27岁，他才安下心来读书。他有点小聪明，自认为文章写得很不错，可是连秀才都没有考上，且屡试不中。他回到家里，把自己的文稿翻出来就一把火全烧了，然后闭门苦读，手不释卷，学问于是大有长进。在苦读中，苏老泉又选择另一条出世之路，那就是潜下心来，精研古籍，写出了许多带有真知灼见的策论文章，寄希望于当道者的赏识，进而得到推荐、提拔、重用。这一年，

苏洵像

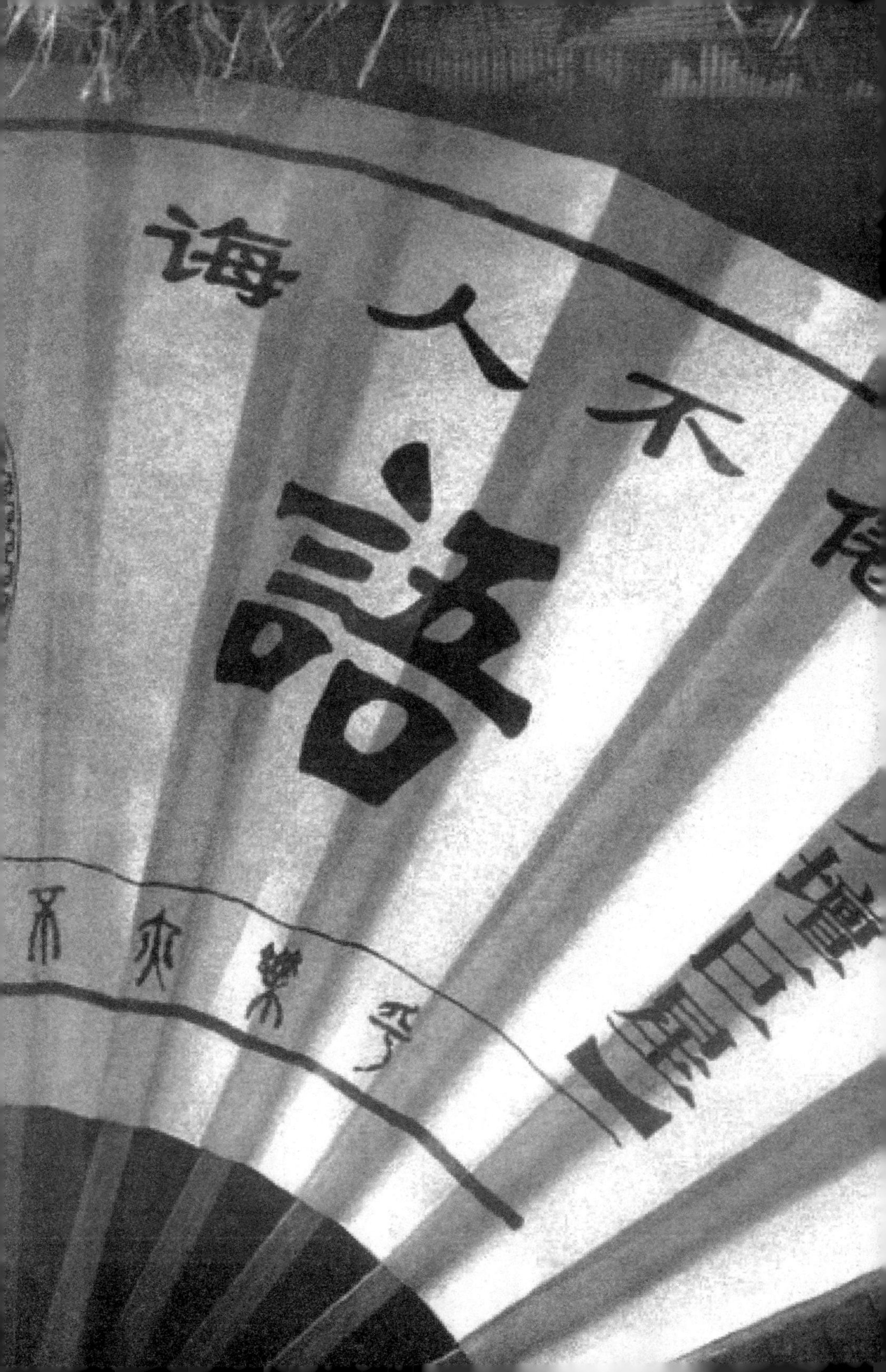
诲人不
語

他带着两个天才儿子进京赶考，同时也希望这一次自己也能在京城有所收获。临行前，他特地去拜访了时任四川的行政长官张方平，张方平很看重他，为其写了几封推荐信。当年苏老泉就是这样怀揣着张方平的推荐信和自己的梦想上路的。这一次京师之行，不但两个儿子都考中了，自己的文章也得到了大人物韩琦、欧阳修的激赏。

苏洵作品

从这个故事中我们可以懂得，只要想学习，不论年龄多大都是为时未晚的。青少年更应该珍惜时间，从现在做起。

若梁灏，八十二。对大廷，魁多士。

宋朝的梁灏82岁的时候才考中状元，在殿上答复皇帝的问题时，对答如流，成为所有读书人的魁首。他这么一大把年纪了，仍然完成自己的志向，让大家都觉得很惊讶。梁灏从小就喜欢读书，青年时就中了解元。他教子成功，儿子中了状元，可说是一门五福。梁灏中状元后很高兴，作了一首谢恩诗，内容是说：我自天福三年就参加考试，直到雍熙二年才成名，管他头发都白了，我心中只欢喜终于平步青云。当我看榜的时候，已经没有跟我同辈的朋友了，回到家中也只有子孙来相迎。大家都知道，年少登科很好，有

父子状元牌坊

谁想到龙头竟是我这个老头？

由此可知，一旦立下志愿，而且努力不懈，终会成功的。梁灏表现了"活到老，学到老"的精神，他这种毅力，真值得我们每个人学习。

二、《百家姓》

《百家姓》

当我们第一次与他人接触，想要深入了解对方的时候，都会先问一句："请问您贵姓？"这也算是我们中华民族的传统习俗之一；大家都知道自己姓什么叫什么，但是想进一步对自己的姓氏寻根探源的话，那就需要读读《百家姓》了。还有众所周知而且经常使用的"老百姓"这个词语出何处呢？为什么在这些众多的姓氏里，唯独"赵"这个姓氏是第一个？想要回答这些问题，只有读过《百家姓》才能够找出其中的来龙去脉。

早在五千多年以前，中国就已经形成了姓氏，并且逐渐发展扩大，世世代代延续。百家姓中有七成姓来源于洛阳偃师。"姓

《百家姓》石刻

氏"在现代汉语中是一个词，但是在秦汉以前，姓和氏有着明显的区别。"姓"源于母系社会，同一个姓表示同一个母系的血缘关系。中国最早的姓，大都是"女"字旁的，如："姬""姜""姚""嬴"等，表示这是一些不同的老祖母传下的氏族人群。而"氏"的产生则在姓之后，是按父系来标识血缘关系的结果，这只能在父权家长制确立时才有可能。《国语·晋语》记载："昔少典娶于有蟜氏，生黄帝、炎帝。黄帝以姬水成，炎帝以姜水成。成而异德，故黄帝为姬，炎帝为姜，二帝用师以相济也，异德之故也。"这就是说，当我们读到"黄帝，轩辕氏，姬姓"，以及"炎帝，列山氏，姜姓"的时候，可以了解，中华民族共同始祖炎黄二帝原分属两个按母系血缘关系组织起来的部落或部落联盟，一个姓姜，一个姓姬，而他们又分别拥有表示自己父权家长制首领的氏称列山，轩辕。姓和氏有严格区别又同时使用的做法表明，母权制已让位于父权制，但母系社会的影响还存在，这种影响一直到春秋战国以后才逐渐消亡。

《百家姓》有一千多年的历史，据相关资料考证，《百家姓》成书于北宋初年，是由一个钱塘书生编写而成的，问世之后就被广泛地应用于蒙馆了。它是我国文学历史上作

《百家姓》

《百家姓》竹简

四体《百家姓》

为儿童启蒙读物较为悠久且广为流传的一部私塾教材，对于我国儿童识字明理发挥着不可忽视的重要实用作用。虽然它不是文学艺术作品，也不是什么学术著作，但是它对于儿童学习的影响之深还是明显可见的。全书按照一定的韵律排列，合辙押韵，读起来朗朗上口，便于记忆。除此之外，作者在编辑的时候收集了很多资料，寻根探源，使其具有了深厚的文化意蕴，这也是为什么《百家姓》能流传至今而经久不衰的原因。《百家姓》原来收录姓氏四百四十一个，后来陆续增补到五百零四个。迄今为止一共收录单姓四百四十四个，复姓六十个。选录的姓氏之中，

《百家姓》雕塑

汉族的姓氏收得较多，有的单字姓，和复姓一样，是汉族以外的兄弟民族的姓氏；这里面还有若干的姓氏是一个以上的民族共用的。因此可以说，《百家姓》实际上就是蕴含着一部中华民族大融汇、大亲和的历史！字里行间，跳动着我们这个多民族大家庭的强劲脉搏！

《百家姓》以"赵"姓打头，并非因为"赵"为天下第一大姓，而是因为它是宋代钱塘儒生所作，宋代的皇帝是赵氏，"赵"也就自然成为"天下第一姓"了，如果不排在首位，就有"欺君之罪"的嫌疑，会引祸上身。而当时吴越王的后裔居住在浙江，所以，"钱"

姓便排列第二，钱的妃子姓孙，借钱氏之威势，"孙"又排在第三位了。"李"姓排在第四，大约是因为南唐皇族为李氏的缘故。十六种"百家姓"的源出：

第一种：以祖先名字中的字为姓氏年：

春秋时，周灵王有子叫"王子年夫"（"年夫"应该是他的名字，"王子"则是表明其身份的，如"公子""公孙"），后来年夫的后人以其名中的"年"字为姓氏。

牛：西周宋征子之后有任司寇的牛文。牛文之后以其中的字"牛"为姓氏。

鱼：系出于姓。春秋时，宋襄公的弟弟

为"司马子鱼"（司马是官职，子鱼为其字）。其后人以其字中的"鱼"为姓氏。

井：春秋时，虞国有位大夫叫井伯。井伯之后以其字"井"为姓氏。

牧：上古时代，黄帝以"力牧"为相。力牧的后人以其字"牧"为姓氏。

终：上古时的祝融有个弟弟叫吴回（后也称祝融氏），他的儿子为"陆终"。陆终后代支系中，有的以其先祖名的"终"字为姓氏。

常：上古时，黄帝曾以"常先"为相。常先的后人以其字"常"为姓氏。

孔：出于子姓。周武王封商朝的微子于宋，微子死后由其弟仲衍继承封地。仲衍之后有

《百家姓》

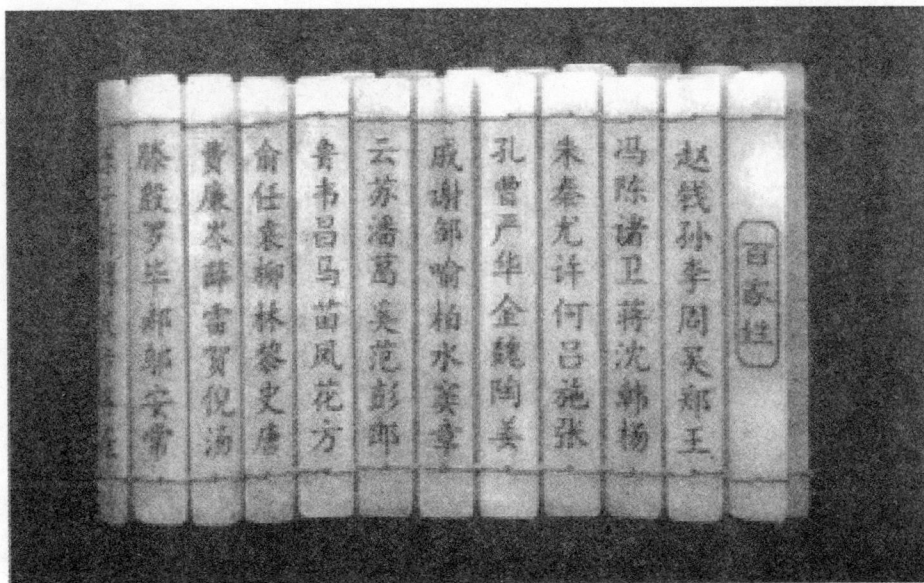

《百家姓》翡翠玉册

弗父何。弗父何的玄孙名嘉，字孔父。孔父的儿子木金父就以父字中的"孔"为姓氏，在鲁国定居。

廉：颛顼的曾孙名廉，其后人以祖字中的"廉"为姓氏。

乐：出于子姓。宋戴公的儿子公子衍字乐父，其后人以祖上"乐父"中的"乐"字为姓氏。

皮：周有大夫樊仲皮，其后人以其祖上名字中的"皮"字为姓氏。

高：出于姜姓。齐文公有子公子高。其后人以"公子高"中的"高"字为姓氏。

第二种：以祖先的图腾崇拜物为姓氏

有些专家、学者认为，我国的百家姓，有

四体《百家姓》

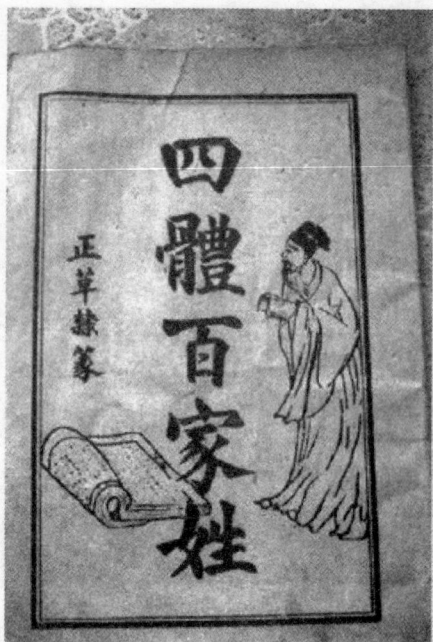

《涿鹿之战》壁画

些是由图腾演变而来的，如：熊、马、牛、羊、龙、凤、山、水、花、叶等，但只是一些推测。由于年代久远，史前无据可考，到底哪些姓氏源于图腾崇拜，已不得而知。因为当今的"熊""马""牛""龙""花"等姓氏，于史书收集传说中均可查出源出，但与图腾并没有什么联系。相传黄帝与蚩尤大战于涿鹿之野，曾率领"熊、罴、貅、貔、虎"等与其作战。而这些"熊、罴、貅、貔、虎"等可能就是图腾氏族的名号。但这些氏族的名号究竟有哪些传递下来，成为其后裔的姓氏，已经很难寻得蛛丝马迹了。

炎帝陵

赵氏始祖造父像

相传炎帝（神农氏）是少典之子，因其生长在姜水渭河支流之滨，所以得姓为姜；而黄帝（轩辕氏）是少典另一子，因为他生长在姬水之滨，所以得姓姬。但又有传说认为姜和羌虽同韵而不同声，但音特别相近，且两字都有"羊"字头，一个从羊从女，一个从羊从人。从"羌"字的组成看，羌即"羊人"。上古时代晚期，羌族居住在我国的北部，其部族或氏族的图腾可能是羊。而姜族则是羌族的一支，或许因为语音的误差而化"羌"为"姜"，或许是母系氏族的母权影响，羊下之"人"，化作了羊下之"女"。炎帝以"姜"为姓，不是偶然，炎帝恰恰是古羌族支系氏族部落的首领。以炎帝、黄帝为首的原居于陕、甘、青一带的古羌戎部族的一支，在东进中原的过程中，与东夷等部族融合，成为汉族的前身华夏族。

第三种：以封地名和国名为姓氏

宋：出自子姓。据《唐书·宰相世系表》所载，公元前10世纪，周公平定了武康叛乱之后，商纣王的庶兄微子启受封于宋国，建都商丘（河南省商丘市南）。公元前286年，宋国被齐国所灭，其子孙以原国名"宋"为姓氏。

赵：伯益后裔造父，拉驯马驾车。周穆王常乘坐造父所驾的马车游巡各地，朝中有事，造父就以熟练的驾车技术及时将车马赶回。造父因驾车马有功，被周穆王封地于赵（今

炎帝塑像

姬姓周武王像

舜帝雕像

山西洪洞县北赵城），其后人便以"赵"为姓氏。

吴：出于姬姓。周武王封钟雍的曾孙于吴（江苏苏州一带），建立吴国。其后代以国名为姓氏。

郑：出于姬姓。周宣王封姬友于郑（今陕西华县东），建郑国。友的后代以"郑"为姓氏。

陈：周武王灭商之后，追封舜的后代妫满于陈（河南淮阳）。妫满死后被谥为陈胡公。其后代便以"陈"为姓氏。

卫：出于姬姓。周文王第九子康叔被封于卫，建卫国。康叔子孙以国名为姓氏。

蒋：出于姬姓。周公旦的儿子伯龄被封

周武王像

于蒋（河南固始县东北蒋集），建蒋国。其后
以国名为姓氏。

沈：出于姬姓。周文王的儿子贿受封于
沈（河南平舆县北），建沈国。其后以国名为
姓氏。

韩：出于姬姓。周武王的小儿子受封于
韩（山西河津县东北），后被晋国灭掉。桓叔
的儿子万受封于韩。万的后代以"韩"为姓氏。

秦：出于嬴姓。伯益之后有嬴非子。非

子擅育良马，周孝王以其育马之功封非子于秦谷（甘肃天水西南），为附庸国。非子的孙子秦仲因功被升为诸侯，秦统一天下，建立秦朝。秦灭亡之后，其子孙以"秦"为姓氏。

许：出于姜姓，神农氏后裔。周武王封文叔于许，建许国。其后以国名为姓氏。

吕：出于姜姓，神农氏后裔。怕夷在尧时任掌礼官，又辅佐大禹治水，因功受封于吕。其后以国名为姓氏。

戚：卫国大夫孙林父的封地为戚邑（河南濮阳市戚城）。孙林父的子孙以邑名为姓氏。

谢：周宣王封舅氏申侯于谢（河南唐县

神农氏像

南），申侯子孙中有一支以其封地为姓氏。

邹：周代有曹氏封地于邾，战国被改国号为邹。其子孙中有一支以国号为姓氏。

柏：出于柏皇氏。柏皇氏中有柏招，为炎帝的师傅，又同时为帝喾的师傅。其子孙受封于柏（河南舞阳县东南）。其后以封地为姓氏。

章：出于姜姓。齐太公封其庶子于鄣（山东东平县东）。受封于鄣的齐太公庶子的后代，去邑为"章"称为章氏。

苏：颛顼后裔终得最小的儿子樊受封于昆吾，樊的庶子后代受封于苏（河南温县）。

周宣王像

其后以国名为姓氏。

潘：周文王的第十五个儿子名高，受封于毕，称为毕公高。毕公高有庶子受封于潘。其后以封地为姓氏。

葛：出于嬴姓。颛顼之后，封于葛（河南宁陵县东北）。其后以封地为姓氏。

范：周宣王时有大夫杜伯，其子杜隰到晋国，被任命为士师，后其曾孙士会为晋国的上卿，食采于范。自此，士会的子孙以范氏为姓。

彭：颛顼后裔陆终的第三个儿子钱铿受封于彭（江苏徐州），为大彭氏。后人以"彭"为姓氏。

周文王塑像

  鲁：出于姬姓。周公旦的儿子伯禽受封于鲁（山东曲阜一带），建鲁国。伯禽的子孙以国名为姓氏。

  韦：出于豕韦氏。豕韦氏在夏代居于豕韦（河南滑县东南），为一路诸侯，建豕韦国，又称韦国。韦君后人以国名为姓氏。

  苗：楚令尹斗之子贲皇亡命晋国，受封苗邑（河南济源县西南）。贲皇又名苗贲皇，其后人以"苗"为姓氏。

任：出于有熊氏。黄帝的儿子禹阳受封于任，禹阳以任建国，其后以国名为姓氏。

柳：鲁孝公有儿公子展，公子展的孙子无骇以祖父名为姓氏，称展无骇。展无骇的儿子叫展禽。展禽的封邑为柳下。他死后号为惠，所以又叫柳下惠。其后代取封地"柳下"第一个字为姓氏。

第四种：以职业或官职为姓氏

司徒：上古时代官名，传说尧、舜时已设，

黄帝陵

大禹塑像

一直延续到秦汉。有以此官职为姓氏的，便是复姓"司徒"。

司空：据说为上古时所设官职，专管天下水利上本工程建设。帝尧时大禹的官职就是司空。大禹的子孙中，有人以此为姓氏。

司马：上古时所设官职，为军事长官。曾为官司马的人的后代，有的以此官为姓氏。

第五种：以山名、河名为姓氏

乔：出于有熊氏。黄帝死后，葬于桥山。黄帝的子孙中有守陵的人，就以陵山之名"桥"为姓氏，后人去木为"乔"。

姜：出于神农氏。炎帝神农氏居住在姜

水（渭河支流之滨），因此以河名为姓氏。春秋时代的齐、申、吕、许等封国都是姜姓。

第六种：以住地的方位为姓氏

东郭：出于姜姓。郭，为古代时人们在城的外围加筑的一道城墙，东郭，为外城的东墙附近。齐桓公的后裔中有住在临淄城东外一带的，被称为东郭大夫。后人便以"东郭"为姓氏。

东门：出于姬姓。鲁庄公有子叫公子遂，字襄仲，家住曲阜城东门旁，人称东门襄仲。其后以"东门"为姓氏。

西门：春秋时，齐国和郑国都有公族大夫住在都城的西门附近，人称西门氏。有的

齐桓公塑像

神农氏塑像

后人便以"西门"为姓氏。

第七种：以谥号为姓氏

穆：出于于姓。春秋时有宋穆公，其子孙中有以其谥号"穆"为姓氏。

文：一出姬姓。商末，周族首领季历死后，其子姬昌即位，后被封为西伯。西伯死后，其子周武王即位，并完成灭商大业，建立周朝。武王追谥其父为周文王。文王的庶子中有以其谥号为姓的。一出妫姓。齐威王之孙田文，号孟尝君。孟尝君避乱到魏国，死后谥号文子，其后人以其谥号"文"为姓氏。

康：周公旦之弟叔封地于卫，其死后谥号为"康"，因此又称卫康叔。卫康有庶于以其谥号为姓氏。

第八种：以部落的名称为姓氏

呼延：东晋时，匈奴呼延部进入中原。后来，其汉化后裔以原部落名称再加以汉化的"呼延"为姓氏。

慕容：三国时，鲜卑族首领莫护跋率族人迁居辽西，后在棘城以北（河北昌黎县境内）

匈奴塑像

建国，莫护跋以"慕容"为自己部落的名称。

后慕容部落的人便以"慕容"为姓氏。

宇文：鲜卑族呼天为"宇"，宇文为"天之子"之意，宇文氏为鲜卑部落。东晋时，宇文部落进据中原便以"宇文"为姓氏。

尉迟：尉迟部也是鲜卑族的一个部落，尉迟部的人后来以部落名为姓氏。

万俟：万俟本为鲜卑族部落名。东晋时，万俟部落进入中原，后以部落名为姓氏。

第九种：以出生时的异象为姓氏

武：周幽王之子出生时掌纹呈篆文"武"。

鲜卑族侍女像

周幽王烽火戏诸侯的故事妇孺皆知

由此，周平王被赐姓为武。

第十种：因避祸、避仇、避讳、避嫌所改的姓氏

桂：出于炅氏。汉代炅横有四个儿子。家中有难，四子逃避，其中一子避居到幽州。改姓为"桂"。

田：春秋时，陈厉公子陈完避祸外逃，不愿意以国名为姓氏，改姓为"田"。另明代燕王朱棣以讨黄子澄等为名起兵，推翻建文帝。黄子澄的后人因避祸而改姓"田"。

第十一种：帝王赐姓氏

金：被尊为西方大帝的少昊，因五行说中的西方属金而称金天氏，其后人有以"金"为姓氏的。另汉武帝时，匈奴休盾王之子归顺汉朝，汉武帝赐其姓金，取名"金日䃅"。

刘：出于陶庸氏。尧之后有刘累，到了周代成为唐杜氏。社隰在晋做官，为士师，又称士氏，后来又从士氏改为刘氏。另由于刘邦建立汉朝，刘姓成为中国的大姓。汉高祖因项伯有昔日相助之功，便赐项伯改姓为"刘"。

郑：出于姬姓。周厉王的小儿子友封于郑，其后人有的以国名为姓。另明代太监马三宝

金姓为汉武帝赐姓

《百家姓》石刻

《百家姓》砖雕

《百家姓》

有功，被永乐帝赐姓为郑，马三宝因此改姓换名为"郑和"。

第十二种：部分少数民族的姓氏

满族有穆昆组织，产生于姓氏社会，是构成满族社会的基层血缘组织。穆昆由一个或数个家庭组成。同一个穆昆中，只有一个姓氏；同宗的几个穆昆，则冠以几个汉姓。如乌雅氏的五个穆昆，分别以"吴""穆""包""黄""邵"为姓氏；宁古塔氏的四个穆昆，以"刘""宁"为姓；喜塔喇氏的一支穆昆（居今新宾县永陵镇）以"图"为姓；居盛京的穆昆以"祝"为姓。

陈姓

第十三种：汉族人改为少数民族姓氏

辽、夏、金、元时代，汉族人改换为少数民族姓氏的为数也不少。

第十四种：少数民族改汉姓氏

元：春秋时，卫国大夫元亘之后以元为姓。另北魏孝文帝推行鲜卑族的汉化，令鲜卑族改穿汉服，改说汉话，并改换"拓跋氏"为"元氏"。

第十五种：以数量词、排行次序及天干

孝文帝像

地支为姓氏

万：出于姬姓。周文王的儿子毕公高有后叫毕万，毕万后代中有人以其祖先的名字中的"万"字为姓氏。

丙：又写作邴。春秋时，晋国大夫邴豫，受封于邴（河南成武县东）。其后以"邴"（丙）为姓氏。

第十六种：容易读错的姓氏

由于汉字有许多多音字及古音有变等，所以一些姓氏很容易被我们读错。如万俟：音为 mò qí（莫其），常有人误读为"万寿"。

区：音为 ōu（欧），常有人误读为"区"

郑姓

（qū）。

黑：音为 hè（贺），常有人误读为"黑"（hēi）。

盖：音为 gě（葛），常有人误读为"盖"（gài）。

查：本是"检查、考查"的意思，读 chá，但作为姓氏要读 zhā。

教：作为姓氏时要读 jiào。

任：作为姓氏时读 rén。

曾：作为姓氏时读 zēng。

缪：作为姓氏时读 miào。

晟：作为姓氏时读 chéng。

三、《千字文》

梁武帝画像

《千字文》是流传甚广的中国传统蒙学读物，是南朝时期梁代学者周兴嗣所编。相传，梁武帝萧衍为了教儿子识字习书，让殷铁石从王羲之的书法作品中拓出一千个不同的字，然后把这些拓片交给大臣周兴嗣，要求他用拓出的这一千个字编成一篇用字既不重复，又成韵有内容的文章。周兴嗣用了一夜时间将其编完，累得须发皆白，成就了这篇婉转有致、流畅可读的千古绝唱。这就是我国历史上流传千古的《千字文》的来历。

《千字文》用不重复的一千个字，以四字韵语连缀成文，共二百五十句。其行文流畅，气势磅礴，辞藻华丽，内容涉及到自然、社会、

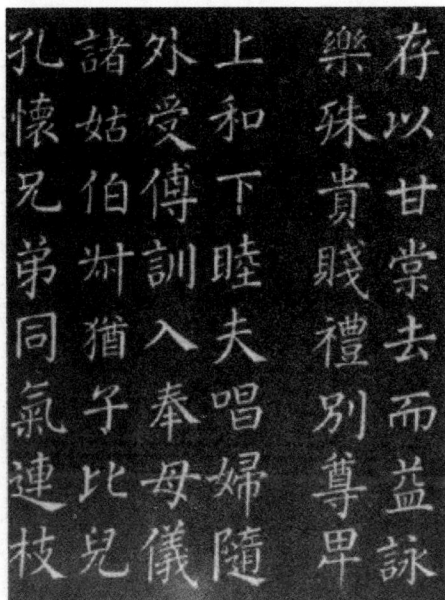

历史、教育、伦理等多方面的知识。《千字文》诞生之后，尤其是宋以后，虽然儿童启蒙读物层出不穷，也各有所长，但它们的文采都无法与《千字文》相比。隋唐以来，《千字文》大为流行，背诵《千字文》被视为识字教育的捷径。民国建立之前，这是6岁孩子入私塾后必读的课本。《千字文》在我国的传播可谓家喻户晓、深入人心。唐宋以后，《千字文》还被译成满、蒙等文字，供满、蒙等民族的儿童识字用，并流传到日、英、法等国。

总体看，《千字文》可以分为四个部分。

第一部分从开天辟地说起，从"天地玄黄，宇宙洪荒"到"化被草木，赖及万方"。主要

智永《真草千字文》

《千字文》

赵佶《草书千字文》

讲天上运转的日月星辰以及四季气节更替，金银珠宝以及珍果美食，三皇五帝以及商汤、周武。通过宣扬天地之大、物产之盛、人君之贤明来阐明天、地、人之道。

　　天地玄黄　宇宙洪荒　日月盈昃　辰宿列张　寒来暑往　秋收冬藏

　　闰馀成岁　律吕调阳　云腾致雨　露结为霜　金生丽水　玉出昆冈

　　剑号巨阙　珠称夜光　果珍李柰　菜重芥姜　海咸河淡　鳞潜羽翔

　　龙师火帝　鸟官人皇　始制文字　乃服衣裳　推位让国　有虞陶唐

　　吊民伐罪　周发殷汤　坐朝问道　垂拱

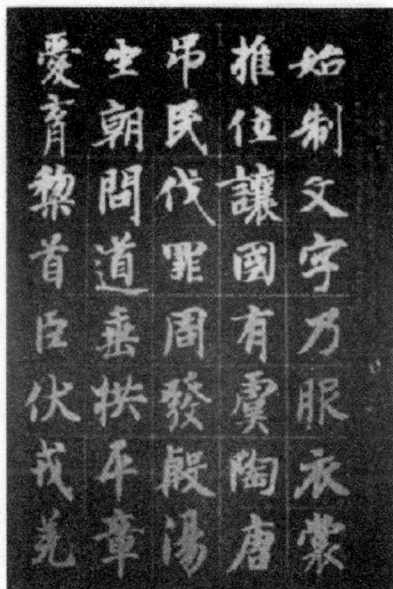

《千字文》

始制文字乃服衣裳
推位讓國有虞陶唐
弔民伐罪周發殷湯
坐朝問道垂拱平章
愛育黎首臣伏戎羌

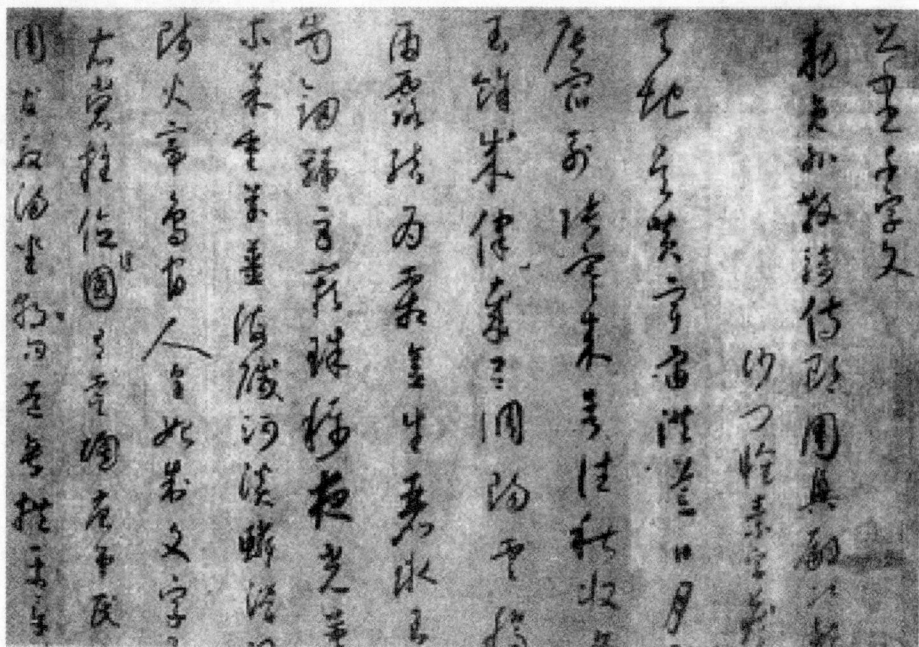

怀素小草《千字文》

平章　爱育黎首　臣伏戎羌

　　遐迩一体　率宾归王　鸣凤在竹　白驹
食场　化被草木　赖及万方

　　第二部分重在讲述人的修养准则和原则，也就是修身，即"仁、义、礼、智、信"五种封建道德教条，文中指出人要孝敬，要珍惜父母传给的身体，"恭惟鞠养，岂敢毁伤"。做人要"知过必改"，讲信用，保持纯真本色，树立良好的形象和信誉。接着对忠孝和人的言谈举止、交友等方面进行了深入的阐述。这部分是从"盖此身发，四大五常"到"坚持雅操，好爵自縻"。

　　盖此身发　四大五常　恭惟鞠养　岂敢
毁伤　女慕贞洁　男效才良

赵佶小楷《千字文》

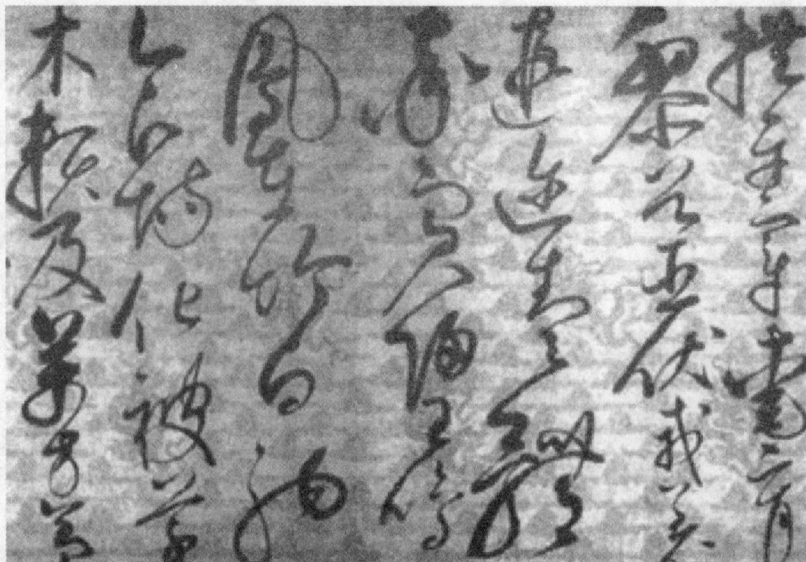

地玄黃 宇宙洪荒 日月盈昃 辰宿列張

董其昌草书《千字文》

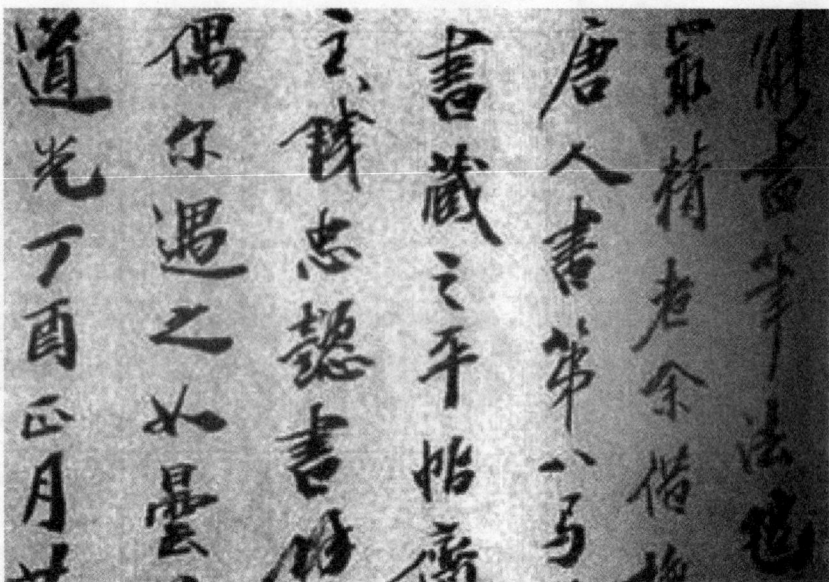

怀素大草《千字文》

知过必改　得能莫忘　罔谈彼短　靡恃己长
信使可复　器欲难量

墨悲丝染　诗赞羔羊　景行维贤　克念作圣
德建名立　形端表正

空谷传声　虚堂习听　祸因恶积　福缘善庆
尺璧非宝　寸阴是竞

资父事君　曰严与敬　孝当竭力　忠则尽命
临深履薄　夙兴温凊

似兰斯馨　如松之盛　川流不息　渊澄取映
容止若思　言辞安定

笃初诚美　慎终宜令　荣业所基　籍甚无竟
学优登仕　摄职从政

存以甘棠　去而益咏　乐殊贵贱　礼别尊卑

上和下睦　夫唱妇随

　　外受傅训　入奉母仪　诸姑伯叔　犹子比儿　孔怀兄弟　同气连枝

　　交友投分　切磨箴规　仁慈隐恻　造次弗离　节义廉退　颠沛匪亏

　　性静情逸　心动神疲　守真志满　逐物意移　坚持雅操　好爵自縻

　　第三部分从"都邑华夏，东西二京"到"旷远绵邈，岩岫杳冥"。讲述与统治有关的各个方面。这个部分首先描述了京城，极力地描绘了都邑的壮丽。宣扬了华夏历史之悠久，文明之灿烂，疆域之辽阔，叙述了上层社会的豪华生活和他们的文治武功。

　　都邑华夏　东西二京　背邙面洛　浮渭

徐铉篆书《千字文》

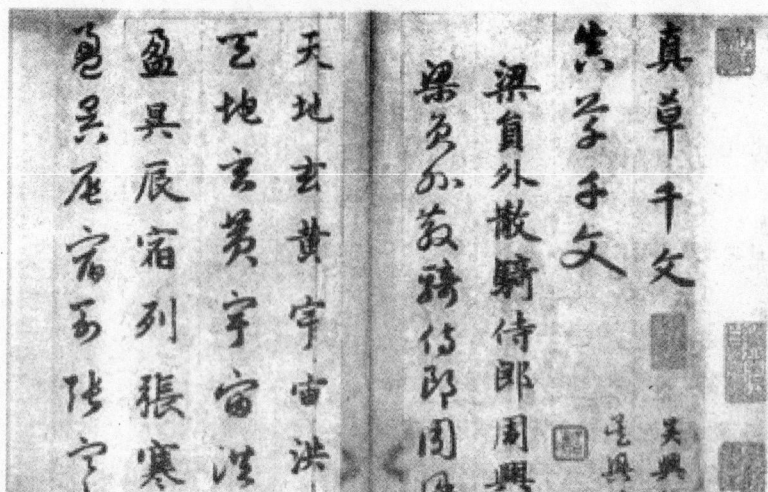

赵孟頫《真草千字文》

据泾　宫殿盘郁　楼观飞惊

图写禽兽　画彩仙灵　丙舍傍启　甲帐对楹

肆筵设席　鼓瑟吹笙

升阶纳陛　弁转疑星　右通广内　左达承明

既集坟典　亦聚群英

杜稿钟隶　漆书壁经　府罗将相　路侠槐卿

户封八县　家给千兵

高冠陪辇　驱毂振缨　世禄侈富　车驾肥轻

策功茂实　勒碑刻铭

磻溪伊尹　佐时阿衡　奄宅曲阜　微旦孰营

桓公匡合　济弱扶倾

绮回汉惠　说感武丁　俊乂密勿　多士寔宁

晋楚更霸　赵魏困横

假途灭虢　践土会盟　何遵约法　韩弊烦刑

起翦颇牧　用军最精

怀素大草《千字文》

少年上人号怀素，草书天下称独步。
墨池飞出北溟鱼，笔锋杀尽中
山兔。八月九月天气凉，酒泉
城麻素雪耀翅。羯鼓堂前画彩
岁时麻素纷挪致。湘州石砚墨色光，
师涂屡偏濡床滇更拂尽数十张纸。
风骤雨时知之奇怪，离披点画
向韵不停手。一行数字大小
如轮。

草书《千字文》

《千字文》
091

欧阳询《千字文》

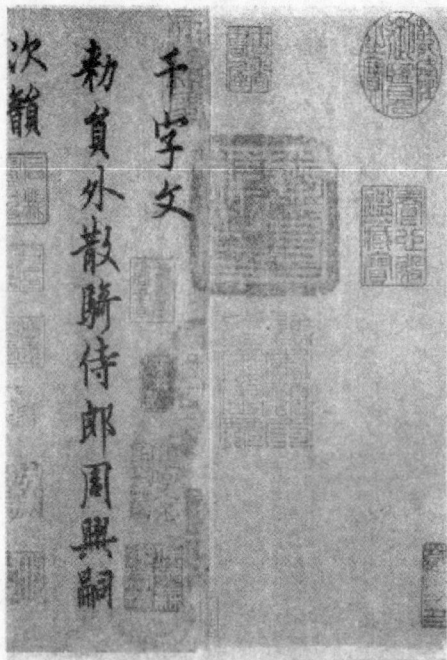

宋王诜《草书千字文》

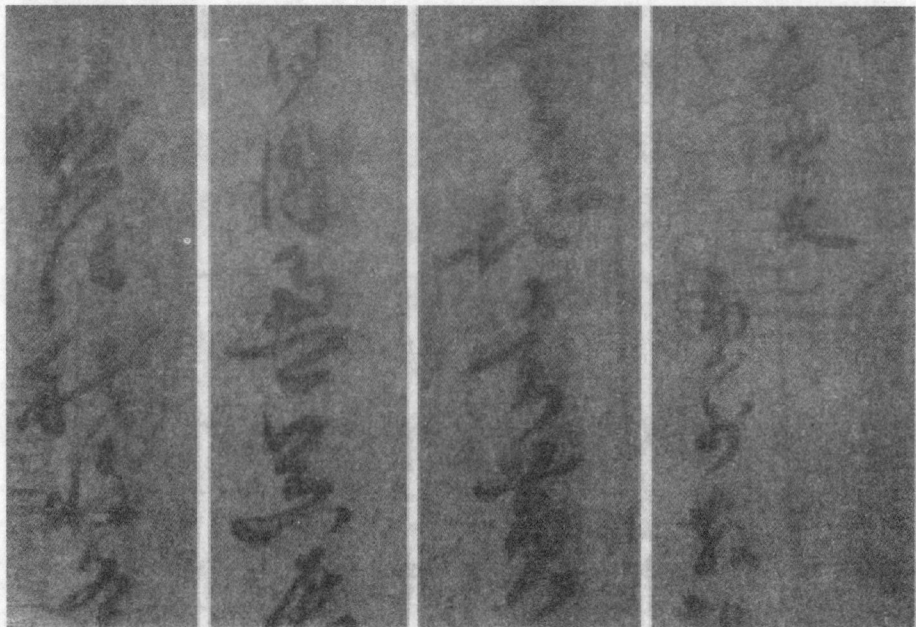

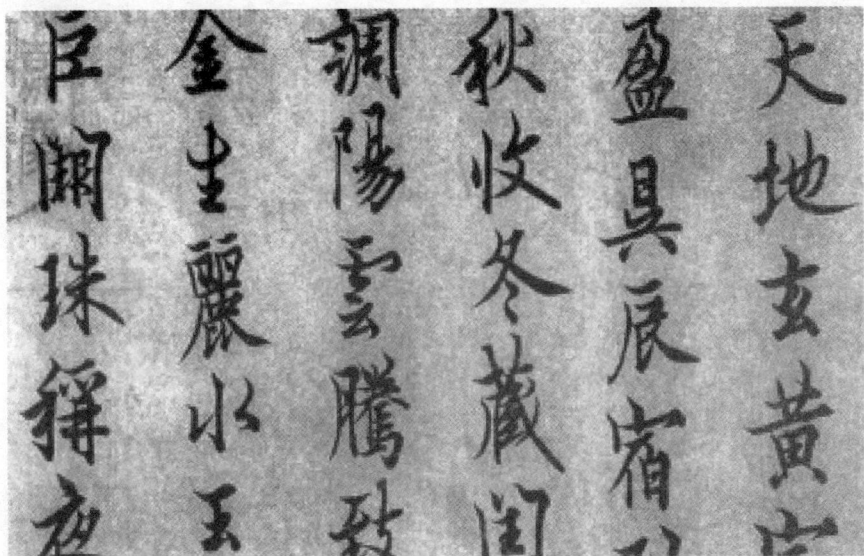

欧阳询《千字文》

　　宣威沙漠　驰誉丹青　九州禹迹　百郡秦并
岳宗泰岱　禅主云亭

　　雁门紫塞　鸡田赤城　昆池碣石　巨野洞庭
旷远绵邈　岩岫杳冥

　　第四部分主要讲了饮食之节，寝处之安，祭
祀之礼，应酬之方，人情之宜等等，描述了恬淡
的田园生活，赞美了那些甘于寂寞、不为名利羁
绊的人们对民间温情的向往。

　　治本于农　务资稼穑　俶载南亩　我艺黍稷
税熟贡新　劝赏黜陟

　　孟轲敦素　史鱼秉直　庶几中庸　劳谦谨敕
聆音察理　鉴貌辨色

　　贻厥嘉猷　勉其祗植　省躬讥诫　宠增抗极
殆辱近耻　林皋幸即

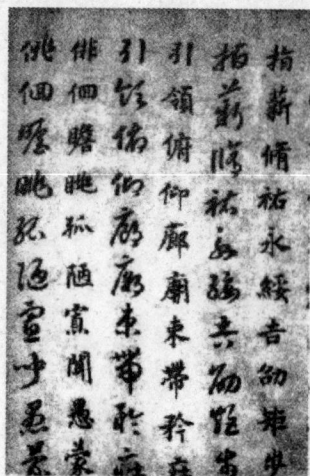

临虞世南《真草千字文》

两疏见机　解组谁逼　索居闲处　沉默
寂寥　求古寻论　散虑逍遥

欣奏累遣　戚谢欢招　渠荷的历　园莽
抽条　枇杷晚翠　梧桐蚤凋

陈根委翳　落叶飘摇　游鹍独运　凌摩
绛霄　耽读玩市　寓目囊箱

易輶攸畏　属耳垣墙　具膳餐饭　适口
充肠　饱饫烹宰　饥厌糟糠

亲戚故旧　老少异粮　妾御绩纺　侍巾
帷房　纨扇圆絜　银烛炜煌

昼眠夕寐　蓝笋象床　弦歌酒宴　接杯
举觞　矫手顿足　悦豫且康

嫡后嗣续　祭祀烝尝　稽颡再拜　悚惧
恐惶　笺牒简要　顾答审详

骸垢想浴　执热愿凉　驴骡犊特　骇跃
超骧　诛斩贼盗　捕获叛亡

布射僚丸　嵇琴阮啸　恬笔伦纸　钧巧
任钓　释纷利俗　竝皆佳妙

毛施淑姿　工颦妍笑　年矢每催　曦晖
朗曜　璇玑悬斡　晦魄环照

指薪修祜　永绥吉劭　矩步引领　俯仰
廊庙　束带矜庄　徘徊瞻眺

孤陋寡闻　愚蒙等诮　谓语助者　焉哉
乎也

四、《弟子规》

闻誉恐，闻过欣，直谅士，渐相亲。
无心非，名为错，有心非，名为恶。
过能改，归于无，倘掩饰，增一辜。

四

凡是人，皆须爱，天同覆，地同载。
行高者，名自高，人所重，非貌高。
才大者，望自大，人所服，非言大。
己有能，勿自私，人有能，勿轻訾。
勿谄富，勿骄贫，勿厌故，勿喜新。
人有短，切莫揭，人有私，切莫说。
人不闲，勿事搅，人不安，勿话扰。
道人善，即是善，人知之，愈思勉。
扬人恶，即是恶，疾之甚，祸且作。
善相劝，德皆建，过不规，道两亏。
凡取与，贵分晓，与宜多，取宜少。

《弟子规》

作为旧时中国人最普遍的"育儿范文"，毫无疑问，"三、百、千"在所有蒙学书中是最流行的读本。然而在它们之后，能与其媲美的蒙学书，首当其冲的应该就是李毓秀编写的《弟子规》了，它是学童们的生活规范，依据至圣先师孔子的教诲编写而成，教导学生为人处世的准则，做到与经典同行为友。《弟子规》原名《训蒙文》，作者是清朝康熙年间的秀才李毓秀（1662—1722 年）。后来清朝贾存仁修订改编并改名《弟子规》，是启蒙养正，教育子弟敦伦尽份防邪存诚，养成忠厚家风的最佳读物。

这本书一共分为五个部分，第一部分为总序。全文以"弟子规，圣人训，首孝悌，次谨信，泛爱众，而亲仁，有余力，则学文"作为总序，概述了全书的内容，表达了圣人对学生的训示：首先要孝敬父母，尊敬兄长，其次要对自己谨慎约束，对人诚实可信。博爱民众，并亲近有德行的人。做好了这些如果还有余力，就去学习文化知识。具体列述弟子在家、出外、待人、接物与学习上应该遵守的守则规范。

　　第二部分是"入则孝出则悌"，这部分主要分为两个方面——"入则孝"和"出则悌"。前一个方面是说在家的时候，我们要孝敬父

《弟子规》根据孔子的教诲编写而成

母、尊重父母。孝悌是中华民族的传统美德，俗话说"百善孝为先"，如果一个人能够孝顺自己的父母，就表明他有一颗善良仁慈的心，有了这份仁心，就可以为国家、社会以及自己身边的朋友做很多有益的事情。比如：在家中，听到父母叫我们的时候，应该立刻回答；如果我们犯了错，父母责备我们，就应当顺从并且承担过失；外出时，要告诉父母到哪里去，让他们感到心安；父母生病了，子女应该侍奉在父母身边，不可随意离父母太远等等。人生在世，父母与我们最亲，给我们的恩情也最重，所以我们更应该努力学习侍奉父母的礼节，使他们享受天伦之乐。而另

孔子说教场面

孔子塑像

　　一方面，"出则悌"说的则是家中兄弟姐妹的相处之道以及和长辈们在一起应该如何相处的规矩。比如：少计较一些身外的钱财物品，这样兄弟之间就不会产生怨恨了；讲话的时候不要太冲动，如果能尽量少说或不说伤感情的话，那么不必要的冲突怨恨也会避免的。对于孩子，不要因为大人的宠爱而忽略了需要从小培养礼让的美德——在吃东西的时候，要请长辈先用；如果和长辈一起坐，要请长辈先坐；如果和长辈一起走，应让长辈先走。

对待叔叔伯伯，也要像对待自己的父亲一样恭敬，对待同族兄长，要像对待自己的胞兄一样友爱。

第三部分的"谨而信"，"谨"介绍的是在日常生活中要做到的事情以及待人接物的一般礼貌常识。首先早上要尽量早起，晚上要晚点睡觉，因为人生的岁月很有限，光阴容易消逝，所以我们要珍惜现在宝贵的时光；出门的时候要仪容整齐，不可给人留下邋遢的印象；对于食物不要挑剔，更不该尝试喝酒；做事不要匆匆忙忙，匆忙就容易出错；遇到该办的事情不要怕困难，也不要轻率随

《论语郑氏注》

便而敷衍了事等等。这些平常语言行为的要
则，让我们即知即行，掌握自己，这样我们
在处事的时候才能更有效率，人与人的相处
才能更融洽。而"信"，主要是让孩子们学会
如何诚实守信，如何成为一个一诺千金、正
直的人。比如：没有看到事情的真相，就不
要轻易地发表意见；对于事情了解得不够清
楚，就不要轻易地传播出去；看见他人的优
点行为，要虚心地向他人学习。如果看见他
人有错误的行为，心里要先反省自己，如果
也犯了同样的过错，就立刻改掉，如果没有
就要引以为戒。犯错误了就要敢于面对、马

曲阜孔林孔伋墓前石翁仲像

上承认并改正。

第四部分"泛爱众而亲仁"主要是说在自己具备了良好的道德修养之外对于大众还要有关怀爱护的心。这种爱是大爱，是充满了一片仁慈之心，不为名利毫无虚假的爱。品行高尚的人，名声自然高，人们所敬重的是这个人的德行，并不是外貌或者其他。自己有能力做的事情，不自私保守；看到别人有才华，就多加赞美肯定，不因为嫉妒而贬低别人；对富有的人不谄媚求荣，而对贫穷的人也不表现出骄傲自大的样子；他人对我有恩惠，应时时想着回报他；如果不小心

孔林石像

和人结了怨仇，应求他人谅解，及早忘掉仇恨。至于文中的"亲仁"主要就是说教育大家亲近道德修养高而且仁慈善良的人。真正的仁者，大家都会自然而然地敬畏他、尊重他。因为真正的仁者说话从不会故意地隐讳、扭曲事实，也不会故意向人谄媚求好。如果我们在日常生活中能够亲近仁者，向他学习，我们就会学到很多的优点，无形之中也提升了自己的品德。这是何乐而不为的事情啊！

最后一部分是"行有余力，则以学文。"也就是说对于"孝、悌、谨、信、泛爱众、亲仁"这些都做好了并且仍然有余力，那就应该学

《道德经》

习知识了。读书的方法很重要,要注重"三到",即"心到""眼到""口到"。读书时正在读这一段,就不要想到其他段落;这段还未读完读通,就不要因为没有兴趣而失去了好奇心,跳到另一段。这样东翻西阅,是收不到任何效果的。读书时要有规范,读一本书或做一门功课,要有比较宽裕的期限,但是不能因为时间多,就等期限快到了才开始,否则会欲速则不达的。遇到滞塞难通的地方,更要专心研究,正所谓"书读千遍,其意自见。"不要自以为是、狂妄自大,也不要自甘堕落、放弃自己,圣贤的境界虽高,但只要按部就班,循序渐进,人人都可到达。

　　以上是《弟子规》的简要介绍。从开篇的"总序"就可以看出来,这是一本宣扬封建伦理道德、由始至终都把"孝""悌""信""义"贯穿其中的启蒙读物。如果我们在阅读的时候用今天的理念和观点去评判的话,难免会"失之毫厘,差以千里"的。所以在阅读的时候,我们要去其糟粕,取其精华,辩证地选择和分析。

五、《朱子家训》

黎明即起，一粥一饭，当思来处不易；
物力维艰，宴客宜来，而绸缪母临渴
…约之媒，切勿闺房之福…
祖宗虽远，祭祀不可不诚；子孙虽愚，
经书不可不读。居身务期质朴，教
…勿贪意外之财，勿饮过量之酒。
…见贫苦亲邻，须加温恤。刻薄成家，
立见消亡。兄弟叔侄，须分多润寡；
长幼内外，宜法肃辞严。听妇言，乖骨
肉，岂是丈夫；重资财，
令媳女择佳婿，毋索重聘；娶媳求淑女，
勿计厚奁。见富贵而生谄容者，最可耻；
…居家戒争讼，讼则终凶；处世戒多言，
…勿恃势力而凌逼孤寡，毋贪口腹而恣杀生禽。
…乖僻自是，悔误必多；颓惰自甘，家道难成。
…狎昵恶少，久必受其累；屈志老成，急则可相依。
…轻听发言，安知非人之谮诉，当忍耐三思；因事相争，焉知非我之不是，须平心暗想。
…施惠无念，受恩莫忘。凡事当留余地，得意不宜再往。人有喜庆，不可生妒忌心…
…善欲人见，不是真善；恶恐人知，便是大恶…
…家门和顺，虽饔飧不继，亦有余欢；国课早完，即囊橐无余，自得至乐。
…读书志在圣贤…为官心存君国，岂计身家。守分安命，顺时听天。为人若此，庶乎近焉。

《朱子家训》

《朱子家训》是"经典诵读口袋书"的一种，又名《朱子治家格言》《朱柏庐治家格言》，是一本以家庭道德为主的启蒙教材。作者朱柏庐（1617-1688年），名用纯，字致一，自号柏庐。江苏省昆山市人，自幼致力于读书，想考取秀才并立志于仕途。清入关明朝灭亡之后就不再求取功名，居乡教授学生并潜心研究程朱理学，主张知行并进，一时颇负盛名。康熙曾多次征召，但是都被拒绝。著有《删补易经蒙引》《四书讲义》《劝言》《耻耕堂诗文集》和《愧纳集》。《朱子家训》通篇

《朱子家训》屏风

意在劝人要勤俭持家、安分守己。从中我们可以看到，我们的先辈是如何注重家教、言传，注重道德教育的培养。旧时的中国文人，把"立德、立言、立功"作为人生信条，以"修身、治国、平天下"为人生的最高修养。在我们的祖先看来，一个能够担当大事的人，一方面必然是能够处理好一切身边小事的人；另一方面，在心性上、行为上、思想上，也能够不断砥砺自己，使之更符合"贤者""圣人"的标准。《朱子家训》作为当时"家训"的范本，对旧时中国孩子的启蒙意义和价值也正在于

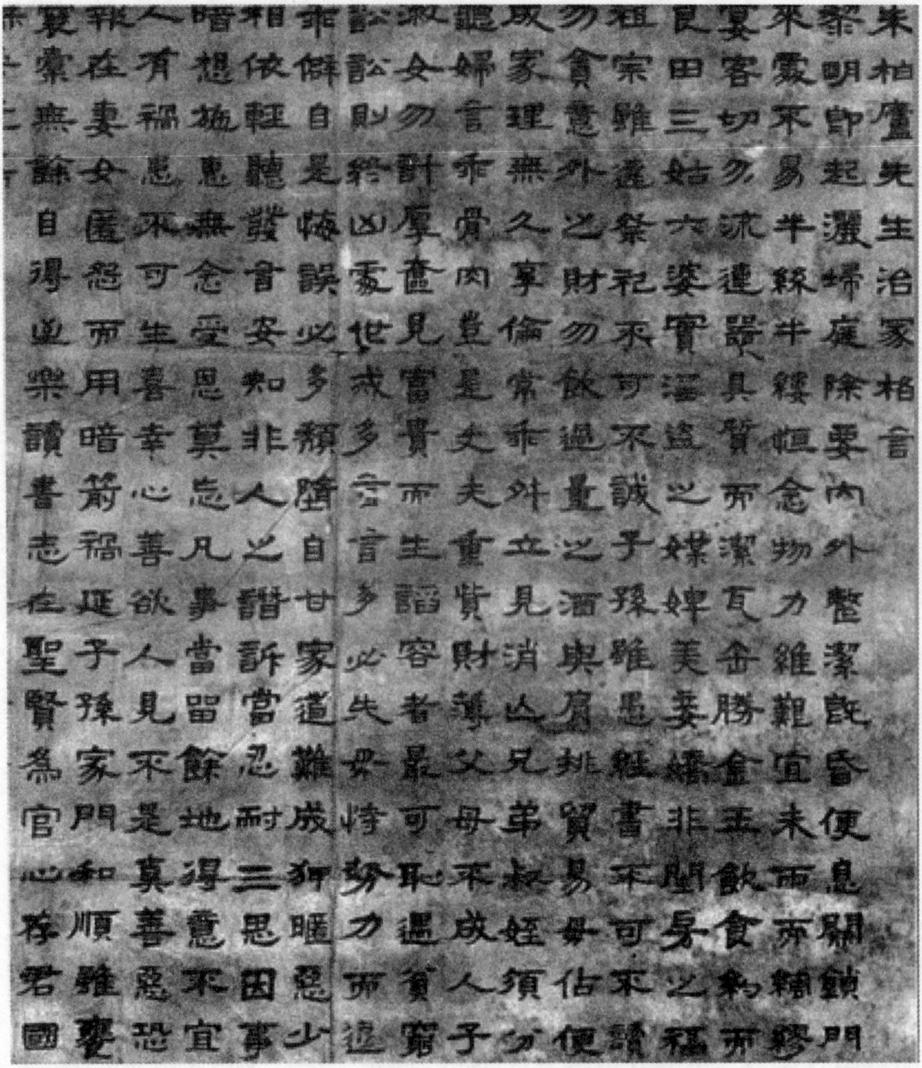

《朱子家训》

此，这也是为什么这本小册子能够长期流传、历久不衰的原因。另外，它以精练的语言和短小的篇幅传授给孩子们丰富的知识。在较好地解决了儿童识字问题的同时，又能在知识方面给予儿童一定的满足。不论是在天文地理、社会家庭还是历代的治乱兴衰、为人处世的方法原则等方面，都有所涉及。其次，它以平易的文字，阐述了丰富深刻的人生哲理。既有训诫孩子谨慎持身的内容，也有论述待人接物时应当具有的热情宽厚的做人态度，还有提醒孩子在交朋友时要谨防小人和坏人，珍视乡邻情谊等诸多内容。书中讲述了中国几千年形成的道德教育思想，以名言警句的形式表达出来，既适合于口头传训，也可以写成对联条幅挂在大门、厅堂和居室，作为治理家庭和教育子女的座右铭。因此，很为官宦、士绅和书香门第所喜爱。自从问世以来流传甚广，被历代士大夫尊为"治家之经"，清至民国年间一度成为童蒙必读课本之一。《朱子家训》仅五百二十二字，精辟地阐明了修身治家之道，是一篇家教名著。其中，许多内容传承了中国传统文化的优秀特点，比如尊敬师长、勤俭持家、邻里和睦等，在今天仍然有现实意义，当然其中封建性的

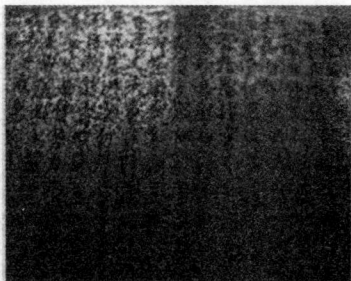

《朱子家训》

清朱成勋书红木框楠木《朱子家训》挂屏

糟粕，如对女性的某种偏见、迷信报应、自得守旧等是那个时代的历史局限，我们在今天重温的时候要去其糟粕，真正做到拿来即为我所用。

另外还要特别说明的是：这里介绍的《朱子家训》是不同于朱熹写的《朱子家训》的，虽然名字相同但是作者是不同的，大家不要将两者混淆了。

朱柏庐治家格言原文：

黎明即起，洒扫庭除，要内外整洁。既昏便息，关锁门户，必亲自检点。一粥一饭

朱熹塑像

《朱子家训》

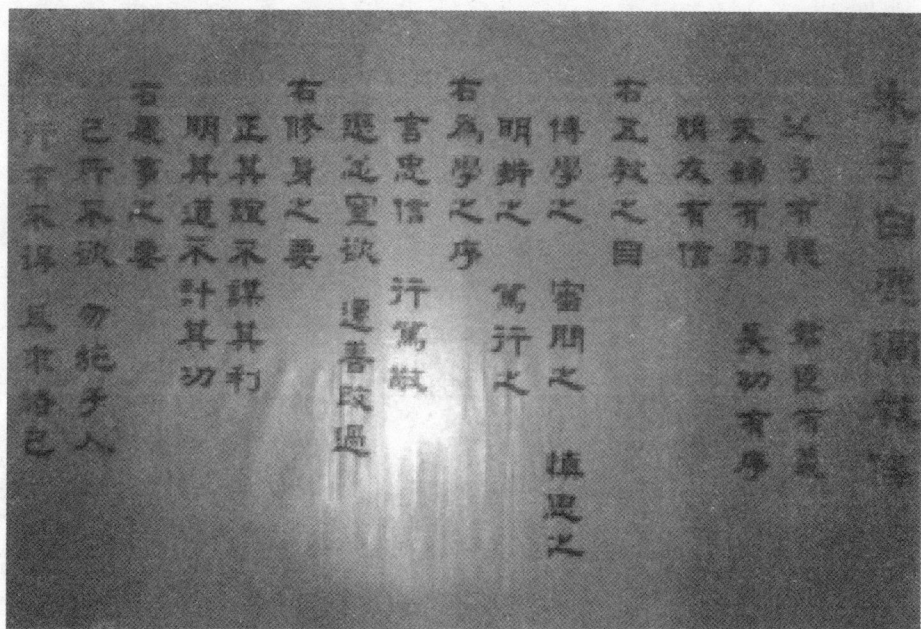

《朱子家训》墨盒

《朱子家训》

朱柏庐《治家格言》

当思来处不易；半丝半缕，恒念物力维艰。宜未雨而绸缪，毋临渴而掘井。自奉必须俭约，宴客切勿留连。器具质而洁，瓦缶胜金玉。饮食约而精，园蔬胜珍馐。勿营华屋，勿谋良田。

三姑六婆，实淫盗之媒，婢美妾娇，非闺房之福。奴仆勿用俊美，妻妾切忌艳妆。祖宗虽远，祭祀不可不诚；子孙虽愚，经书不可不读。居身务期质朴，教子要有义方。勿贪意外之财，勿饮过量之酒。

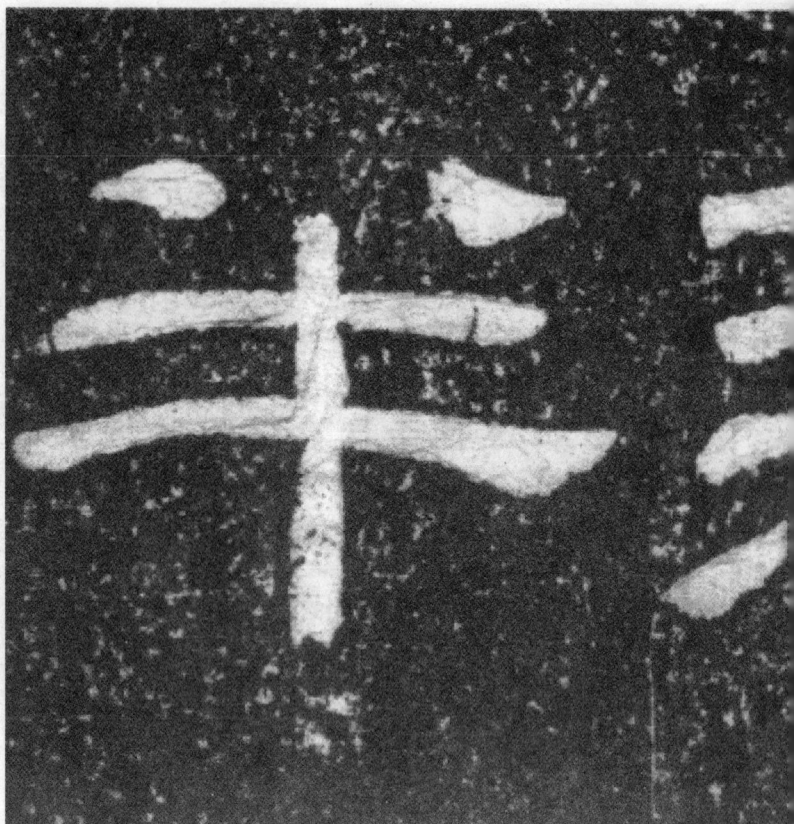

《朱子家训》碑刻（局部）

与肩挑贸易，勿占便宜；见贫苦亲邻，须多温恤。刻薄成家，理无久享；伦常乖舛，立见消亡。兄弟叔侄，须多分润寡；长幼内外，宜法属（肃）辞严。听妇言，乖骨肉，岂是丈夫；重资财，薄父母，不成人子。嫁女择佳婿，毋索重聘；娶媳求淑女，毋计厚奁。

见富贵而生谗（谄）容者，最可耻；遇贫穷而作骄态者，贱莫甚。居家戒争讼，讼

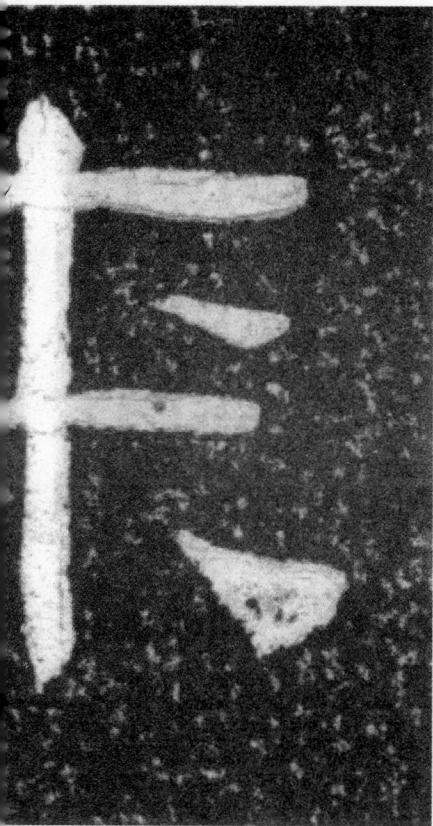

朱柏庐画像

则终凶；处世戒多言，言多必失。毋恃势力而凌逼孤寡，勿贪口腹而恣杀生禽。乖僻自是，悔误必多；颓惰自甘，家道难成。狎昵恶少，久必受其累；屈志老成，急则可相依。轻听发言，安知非人之谮诉，当忍耐三思；因事相争，安知非我之不是，须平心暗想。

施惠勿念，受恩莫忘。凡事当留余地，得意不宜再往。人有喜庆，不可生妒忌心；

朱柏庐《朱子家训》

《朱柏庐先生治家格言》

人有祸患，不可生喜幸心。善欲人见，不是真善；恶恐人知，便是大恶。见色而起淫心，报在妻女；匿怨而用暗箭，祸延子孙。

家门和顺，虽饔飧继，亦有余欢；国课早完，即囊橐无余，自得至乐。读书志在圣贤，为官心存君国。守分安命，顺时听天。为人若此，庶乎近焉。